DSCG 2

Finance

FICHES DE RÉVISION

2e édition

Pascal Barneto
Agrégé en sciences de gestion
Docteur en sciences de gestion
Professeur des universités à l'IAE de Bordeaux

Georges Gregorio
Agrégé d'économie et gestion
Docteur en sciences de gestion
Maître de conférences à l'IAE de Pau-Bayonne

W0216648

DUNOD
leader de l'expertise comptable

Crédits iconographiques

Les crédits sont indiqués de gauche à droite et de haut en bas : p. 29 : © VIP by Gregor Cresnar from the Noun Project ; © Lawyer by Rflor from the Noun Project ; © risk by popcornarts from the Noun Project ; © investment by Susannanova from the Noun Project ; p. 48 : © Influencer by Adam Beasley from the Noun Project ; © voting by zidney from the Noun Project ; © percentage pie chart by kurakuricon from the Noun Project ; © regulations by Marie Van den Broeck from the Noun Project ; p. 81 : © sampling by Nithinan Tatah from the Noun Project ; © Indicator by Nithinan Tatah from the Noun Project ; © multiply by Mark Claus from the Noun Project ; p. 106 : © sender by Gregor Cresnar from the Noun Project ; © receiver by Gregor Cresnar from the Noun Project ; p. 111 : © features by Adrien Coquet from the Noun Project ; © features by popcornarts from the Noun Project ; p. 185 : © complex by Fuse Studio from the Noun Project ; © forward by cathy moser from the Noun Project ; p. 189 : © Laptop by Danil Polshin from the Noun Project ; © Blockchain by James Fok from the Noun Project ; © Bitcoin wallet by Martin Lebreton from the Noun Project ; © Blockchain by Javad from the Noun Project.

Maquette de couverture
et maquette intérieure : Yves Tremblay
Composition : Nord Compo

Le pictogramme qui figure ci-contre mérite une explication. Son objet est d'alerter le lecteur sur la menace que représente pour l'avenir de l'écrit, particulièrement dans le domaine de l'édition technique et universitaire, le développement massif du photocopillage.
Le Code de la propriété intellectuelle du 1er juillet 1992 interdit en effet expressément la photocopie à usage collectif sans autorisation des ayants droit. Or, cette pratique s'est généralisée dans les établissements d'enseignement supérieur, provoquant une baisse brutale des achats de livres et de revues, au point que la possibilité même pour les auteurs de créer des œuvres nouvelles et de les faire éditer correctement est aujourd'hui menacée.
Nous rappelons donc que toute reproduction, partielle ou totale, de la présente publication est interdite sans autorisation de l'auteur, de son éditeur ou du Centre français d'exploitation du droit de copie (CFC, 20, rue des Grands-Augustins, 75006 Paris).

DANGER
LE PHOTOCOPILLAGE TUE LE LIVRE

© Dunod, 2022
11 rue Paul Bert, 92240 Malakoff
www.dunod.com
ISBN 978-2-10-084106-6

Le Code de la propriété intellectuelle n'autorisant, aux termes de l'article L. 122-5, 2° et 3° a), d'une part, que les « copies ou reproductions strictement réservées à l'usage privé du copiste et non destinées à une utilisation collective » et, d'autre part, que les analyses et les courtes citations dans un but d'exemple et d'illustration, « toute représentation ou reproduction intégrale ou partielle faite sans le consentement de l'auteur ou de ses ayants droit ou ayants cause est illicite » (art. L. 122-4).
Cette représentation ou reproduction, par quelque procédé que ce soit, constituerait donc une contrefaçon sanctionnée par les articles L. 335-2 et suivants du Code de la propriété intellectuelle.

Sommaire

1 L'efficience des marchés financiers

Mots-clés

Anomalie • Efficience • MEDAF

Définition

L'**efficience** signifie que l'information disponible est répercutée dans le prix actuel des actions. Ainsi, si l'information pertinente relative aux perspectives de résultats d'une firme (s'appuyant également sur l'information passée) est totalement disponible et peu coûteuse, elle est reprise dans le prix de marché des titres.

1 Les fondements du paradigme de l'efficience des marchés financiers

Rationalité des agents économiques	Les investisseurs cherchent à maximiser leur espérance de rentabilité pour un niveau de risque donné.
Fluidité et accessibilité de l'information	• Le fonctionnement des marchés financiers assure la fixation de prix et fournit des signaux fiables. • L'information est reportée immédiatement dans les cours. • Seules les informations actuelles et passées ont des effets certains sur le prix des actions. • Les agents à l'intérieur des firmes ont plus d'informations que ceux à l'extérieur de l'organisation. • Les investisseurs institutionnels sont mieux informés que les investisseurs individuels
Mécanismes d'arbitrage	Les agents exploitent immédiatement tout déséquilibre momentané de marché qui coterait deux actifs semblables à des prix différents et ramènent ainsi les prix à leur équilibre.
Marche au hasard (*random walk*)	L'évolution du cours des titres est totalement aléatoire : – les évolutions futures sont impossibles à prévoir ; – il n'y a aucun lien temporel entre deux prix d'un titre.

2 Détermination du niveau d'efficience des marchés financiers

A. Les trois niveaux d'efficience des marchés

Fort	Le prix des actions reflète toute l'information pertinente, même confidentielle. Le prix de marché est la « vraie » valeur, fondée sur les flux attendus de revenus : personne ne peut battre durablement le marché.

Semi-fort	Outre l'information contenue dans les prix de marché passés, le prix des actions reprend toute l'information publique disponible. Il n'y a pas de bénéfices à analyser les comptes publiés, l'annonce des profits, etc. (analyses fondamentales).
Faible	Le prix des actions reflète l'information contenue dans les prix de marché passés. Il n'y a pas d'intérêt à prédire les prix futurs sur la base des prix passés (analyses chartistes).

B. Le niveau d'efficience selon les résultats des tests empiriques

Les études montrent que :

- la plupart des informations contenues dans les rapports annuels et dans l'annonce des bénéfices est répercutée dans le prix des actions ;
- le prix des actions délaisse les éléments antérieurs à un an mais tient compte des jugements des investisseurs établis à partir des éléments contenus dans la presse et autres informations de l'année.

La forme semi-forte d'efficience semble pertinente pour la plupart des actions cotées.

3 L'importance de l'hypothèse d'efficience des marchés financiers

A. La construction des modèles théoriques dominants en finance de marché

L'hypothèse des agents rationnels maximisant leur fonction d'utilité a formé de solides fondations à de nombreux modèles utilisés en gestion :

- théorie de gestion du portefeuille ;
- le modèle d'évaluation des actifs financiers (MEDAF ↪ fiche 4) et, plus tard, le modèle APT ;
- les modèles d'évaluation d'options et d'autres actifs, etc.

B. L'impact de l'hypothèse d'efficience sur les acteurs

Sur les investisseurs

Si le marché est efficient, les qualités individuelles de l'investisseur ne peuvent lui permettre d'obtenir et de traiter l'information avant que celle-ci ne soit intégrée dans les cours.

Il est impossible de « battre le marché » : l'investissement dans un fonds indiciel ou un benchmark (gestion passive) est la seule stratégie raisonnable.

Sur les analystes financiers

On distingue généralement l'analyse fondamentale de l'analyse technique. Mais l'efficience implique que :

- L'analyse fondamentale ne puisse pas déterminer d'actions sous-cotées tant que les analystes ne peuvent réagir plus rapidement aux nouvelles informations que les autres investisseurs ou ceux qui ont des informations provenant de l'intérieur de l'organisation.
- Même en considérant sa forme faible, l'analyse technique ne puisse prédire les changements futurs à partir des évolutions de prix passés.

Sur l'action des dirigeants financiers

Si le marché des titres est efficient, les actions menées par l'entreprise sont rapidement intégrées dans le prix des titres. Dans ce cas :

- Les investisseurs ne sont pas trompés par des rapports financiers « trop élogieux » ou par des techniques de comptabilité créative sans effets sur les flux de trésorerie.
- Le moment choisi pour publier des informations n'a pas d'incidence.

Les dirigeants de l'entreprise n'ont effectivement une opportunité d'influencer les prix que lorsqu'ils possèdent de l'information non encore reprise par le marché (mais possibilité de délit d'initié).

4 Les critiques adressées à l'hypothèse des marchés financiers efficients

A. Les anomalies des marchés financiers

Il semblerait que trois **anomalies** majeures puissent apparaître sur les marchés dits efficients :

Effets de taille	• À risque comparable, les actions des sociétés de petite taille semblent atteindre des taux de rentabilité plus élevés que ceux des plus grandes firmes. • Justification : – les risques (ainsi que les coûts de négociation) des petites firmes sont plus importants ; – les principales institutions négligent ces risques (coût de suivi important au regard du montant des investissements).
Effets de date	On observe que les performances des titres sont sensibles aux effets saisonniers. Elles varient aussi selon le jour de la semaine, l'heure de la journée, etc.
Vagues et bulles financières	La croissance du capital d'un investisseur sur le long terme ne s'effectue pas de façon constante : elle varie mensuellement selon les périodes, avec des vagues et des bulles non prévisibles.

B. Les justifications formulées

L'efficience ne discrédite pas l'analyse et l'expertise financières

Elle ne sous-entend pas que l'approche fondamentale n'a pas d'intérêt et que les portefeuilles d'actions peuvent très bien être choisis au hasard dans les pages financières.

Elle suggère seulement que les gestionnaires de fonds ne pourront pas, en moyenne, obtenir des revenus supérieurs à un portefeuille choisi au hasard : l'écart entre l'information non encore reprise dans les prix et les prix eux-mêmes est tellement subtil et ténu qu'il est difficile et coûteux à détecter.

L'efficience suggère que le prix des actions est « juste »

Le prix reflète la valeur de chaque action compte tenu de l'information disponible.

L'efficience n'exclut pas les gains réalisés sur les marchés financiers

Sur le long terme, les marchés ont généré des revenus positifs. Les conseils donnés aux investisseurs ont donc été globalement pertinents. En revanche, l'efficience sous-entend que les investisseurs ne pourront pas obtenir durablement des taux de rémunération supérieurs à la moyenne.

▸ Exemple

La presse économique informe que l'unité de production d'un grand groupe européen, installé dans un État politiquement instable, a été nationalisée par son gouvernement. Les flux annuels de revenus procurés par cette unité s'élevaient à 15 millions d'euros annuels en moyenne et les accords prévoyaient une exploitation sur encore 20 ans.
Ce groupe, dont 30 millions d'actions sont en circulation, possède un coût du capital de 8 %. Son endettement est stable.

1. Quelle est la nature de cette information ? Si les marchés sont efficients, quel sera l'impact de cette information sur le prix des actions ?

Ce type d'information est caractéristique de l'information publique qui peut être contenue dans les états financiers, les médias, etc. Elle est accessible à tous les acteurs.
Sur un marché efficient, dans sa forme demi-efficiente au moins, le prix des actions reflète les flux attendus des revenus d'une firme. Cette information sera donc répercutée et se traduira par une diminution du prix de l'action puisque la valeur économique de la firme sera pénalisée.
L'évaluation de la valeur économique perdue est égale à la somme des flux actualisés au coût du capital :

$$15 \times \frac{1 - 1{,}08^{-20}}{0{,}08} = 147{,}27 \text{ millions d'euros.}$$

Son endettement étant stable, cette diminution aura une répercussion sur le prix de l'action qui sera donc une diminution de :

$$\frac{147{,}27}{30} = 4{,}91 \text{ euros.}$$

Ce calcul de diminution est celui qui paraît le plus rationnel. D'autres réactions peuvent avoir lieu, sachant que l'analyse des réactions est complexe.

2. On suppose maintenant que, une semaine avant la parution de cette information par voie de presse, des menaces de nationalisation avaient été proférées par l'État en question. Quelle aurait été la nature de cette information ? Comment aurait réagi un marché efficient ?

Ce serait une information de type privée. Il se peut que certains investisseurs puissent profiter de ce type d'information pour réaliser des gains car le cours de Bourse s'ajustera au fur et à mesure des opérations réalisées et des informations supplémentaires.
Dans le cas de marchés efficients, les gains (ils sont ici issus de la vente à découvert), s'ils sont possibles, ne peuvent perdurer : les mécanismes d'arbitrage les annuleront et le prix sera alors à l'équilibre. ◂

LE + DE L'EXPERT

Les principaux facteurs influant sur l'efficience des marchés sont l'environnement économique, notamment l'action des autorités pubiques, et l'accessibilité des informations pour les agents.

2 La finance comportementale et les autres théories des marchés

Mots-clés

Comportement grégaire • Décision stéréotypée • Processus décisionnel • Rationalité • Surconfiance • Théorie des fractales • Théorie du chaos

1 La finance comportementale

Définition

Alors que la théorie de l'efficience des marchés financiers est fondée sur la rationalité des choix économiques, la finance comportementale est fondée sur le travail des psychologues sur le comportement humain. Elle analyse les écarts entre le processus décisionnel rationnel et le processus décisionnel humain.

A. Les fondements de la finance comportementale

Elle aide à comprendre les anomalies sur les marchés des actions à partir du comportement des agents : sur et sous-réactions du marché des actions, bulles, pessimisme irrationnel, etc.

L'aversion à la perte

Si l'on considère un écart de même amplitude, une perte a un impact sur soi qui est plus que le double dans le cas d'un gain. La perte est associée :

- au sentiment de responsabilité, de punition et de honte (*loss aversion*) ;
- à la notion de « regret » : sentiment lorsqu'un mauvais choix est retenu, mesuré par la différence entre les gains effectivement reçus et ceux qui auraient pu être obtenus.

La déception de soi-même

- Les dirigeants et les investisseurs peuvent se décevoir eux-mêmes en considérant les possibilités auxquelles ils croient avec pour conséquence une surconfiance ou un suroptimisme qui entraîne une surestimation systématique de leur capacité (notion d'orgueil ou *hubris hypothesis*).

▸ Exemples

• Les traders peuvent se décevoir eux-mêmes lorsqu'ils ne battent pas systématiquement le marché.
• Le biais de l'illusion de contrôle (*illusion of control bias*) est une erreur qui veut que, plus on a réuni d'information et dépensé de temps en analysant une décision, plus on pense maîtriser les résultats, et ces résultats ont d'autant plus de chances d'être bons.
• La surconfiance et l'illusion de contrôle conduisent les investisseurs à être « suractifs » sur les marchés des actions : les coûts de transaction élevés encourus pénalisent leurs résultats (qui sont alors plus faibles que s'ils avaient été moins actifs). ◂

La représentativité

Les dirigeants tendent à prendre des **décisions stéréotypées** fondées sur leur expérience, recherchant des cadres et utilisant des schémas pour comparer les performances récentes de leurs actions aux modèles antérieurs avec, pour conséquence, l'adoption excessive de modèles répétitifs plutôt que la focalisation sur les fondamentaux.

▶ Exemple

La faiblesse des performances des actions pourtant attractives peut venir de la surréaction des investisseurs qui fait « gonfler » les cours et réduire le rendement des investissements. ◀

Les effets sociaux

L'effet social le plus connu est le **comportement grégaire** ou « moutonnier » : un choix est fait simplement parce que « tout le monde semble le faire ». Or, lorsqu'un groupe important d'investisseurs agit de la même façon – en se fondant sur les agissements des autres et non pas sur les fondamentaux –, cela se traduit par des « balancements » excessifs des cours sur les marchés, que l'on retrouve sous forme de « bulles » et de « bandes » (ou *herding*).

L'ancrage et l'ajustement

L'information initiale agit comme une donnée d'ancrage : elle possède souvent un poids anormal et les informations subséquentes ne sont utilisées que pour des ajustements mineurs.

▶ Exemple

La base de la budgétisation traditionnelle est le budget de l'année en cours, l'élaboration du budget de l'année prochaine ne se faisant qu'à partir d'un ajustement incrémental. ◀

B. L'exploitation des comportements irrationnels

La confrontation des approches théoriques des marchés

On retrouve l'opposition entre l'hypothèse d'efficience des marchés et la finance comportementale.

L'étude des comportements irrationnels en prévention des biais

La surconfiance et l'émotion perturbent le jugement des décisionnaires et peuvent rendre leurs actions malavisées.

Ils doivent reconnaître ce biais et prendre des dispositions pour le pallier, notamment :

- l'identification des conditions et circonstances qui conduisent à cette surconfiance ;
- la planification de chaque situation par écrit en mentionnant spécialement des stratégies de sortie ;
- la revue des agissements.

Hypothèse d'efficience des marchés *vs* finance comportementale

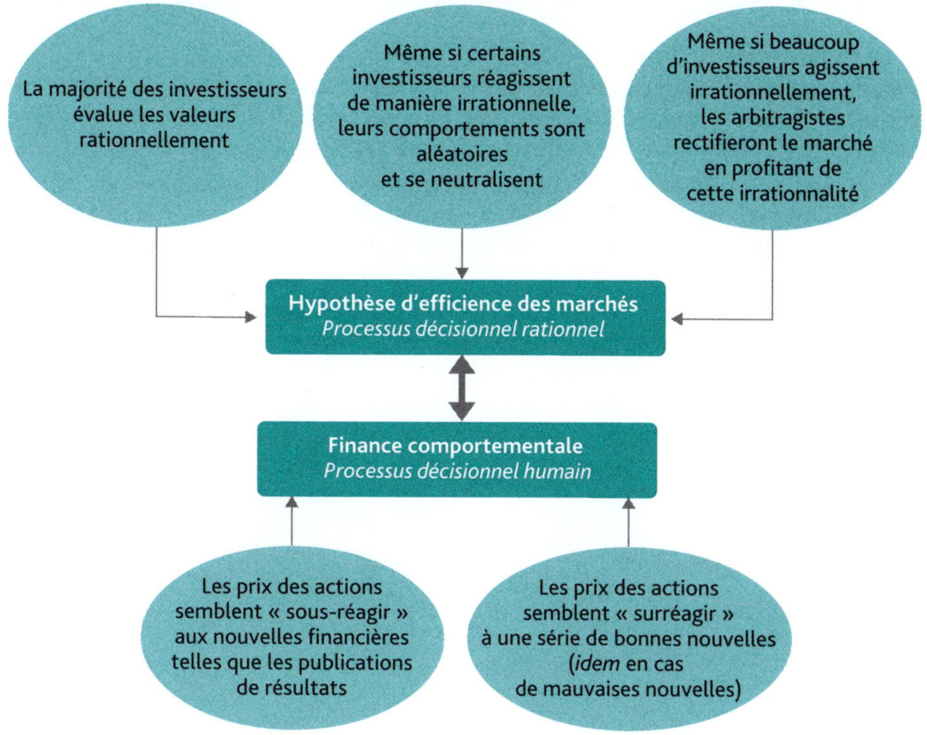

2 Les modèles mathématiques alternatifs : réfutation de la marche au hasard

A. La théorie du chaos

Définition

La **théorie du chaos** une branche des mathématiques qui suggère que le hasard apparent, les cadres imprévisibles, sont dirigés par des sous-systèmes complexes qui réagissent interdépendamment.

Les modèles de prévisions de comportement chaotique sont très sensibles à la précision des données spécifiées et la période estimée : une petite erreur dans la spécification du modèle entraîne des erreurs majeures pour les prévisions.

Dire que les marchés des actions sont chaotiques signifie qu'ils ont une mémoire et qu'ils ne fonctionnent pas entièrement au hasard. Il semblerait ainsi que :

– le prix quotidien des actions soit affecté par un changement des prix ayant déjà eu lieu des années auparavant ;

– les évolutions de prix soient persistantes : lorsque les évolutions sont prévues à la hausse, on observe effectivement des évolutions subséquentes plutôt à la hausse.

B. La théorie des fractales

Il n'existe pas de définition précise de la **théorie des fractales**. Ce sont des objets fondés sur la réalité effective d'une dimension physique et dont la dimension est affaire de degré de résolution : un flocon de neige n'a pas la même apparence au microscope.

L'observation du cours d'une valeur d'un titre quelconque fait apparaître une courbe avec une même irrégularité sur une durée mensuelle, hebdomadaire ou journalière. Cette observation a une base géométrique : la courbe montre une similitude à elle-même à des échelles différentes.

L'existence d'une dimension fractale dans les cours de Bourse implique que le comportement passé du marché a une influence sur son comportement à venir.

LE + DE L'EXPERT

Située entre l'hypothèse d'efficience des marchés (↪ fiche 1) et la théorie du chaos, l'hypothèse de cohérence des marchés (Vaga, 1991) s'apparente à une voie moyenne.

3 L'évaluation du risque d'un portefeuille : principes

Mots-clés

Frontière efficiente • Portefeuille tangent • Ratio de Sharpe • Rentabilité d'un portefeuille • Prime de risque • Risque total du portefeuille

1 La mesure de la rentabilité et du risque d'un portefeuille

Définition

La rentabilité d'un portefeuille est la moyenne pondérée des rentabilités espérées des titres. Le risque est mesuré par la variance du portefeuille.

On suppose un portefeuille composé de n titres, constitué des titres $T_1,\ldots, T_i,\ldots T_n$, en proportion $x_1,\ldots, x_i,\ldots, x_n$.

On a :

$$E(P) = \sum_{i=1}^{n} x_i\, E(T_i) \text{ avec } x_i \text{ représentant la proportion du titre } i \text{ et } \sum_{i=1}^{n} x_i = 1.$$

et :

$$VAR(P) = \sum_{i=1}^{n} x_i^2\, VAR(T_i) + \sum_{i=1}^{n} \sum_{j=1}^{n} x_i\, x_j\, COV(T_i, T_j) \text{ avec } i \neq j.$$

2 Le risque et la diversification d'un portefeuille

Si l'on suppose un portefeuille équipondéré de n titres, et si le nombre de titres est élevé (portefeuille infiniment diversifié), la variance du portefeuille est la covariance moyenne des titres qui le composent (Markowitz, 1959).

Il est impossible d'annuler totalement le risque du portefeuille (et donc la covariance) car les valeurs ne fluctuent pas de façon totalement indépendante sur le marché financier.

3 Les composantes du risque d'un portefeuille

Définition

Le risque total du portefeuille peut être décomposé entre deux parties :
- le risque spécifique qui représente le risque propre à la firme ;
- le risque de marché (ou systématique).

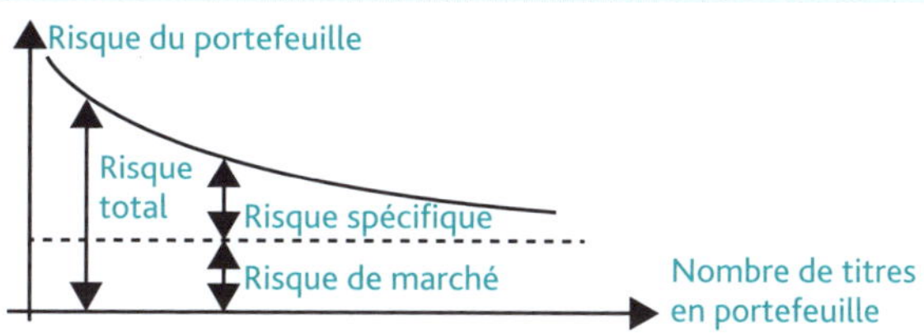

4 La frontière efficiente des portefeuilles accessibles

Les investisseurs privilégieront les portefeuilles qui, pour un écart-type donné, offrent une espérance de gain supérieure. La **frontière efficiente** représente donc l'ensemble de ces portefeuilles déterminés selon l'arbitrage Rendement/Risque.

▶ **Exemple**

Dans le schéma ci-dessous, le choix du portefeuille A n'est pas pertinent car le portefeuille B présente, pour le même risque, une espérance de rentabilité supérieure :

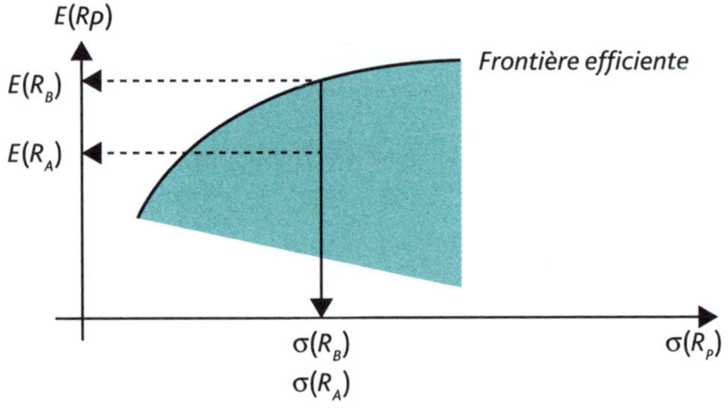

5 Combinaison d'un portefeuille avec l'actif sans risque

Il est possible de combiner un portefeuille de risque minimum avec le taux sans risque noté R_F (avec $\sigma(R_F) = 0$). On obtient alors la droite (R_F, M), suivante :

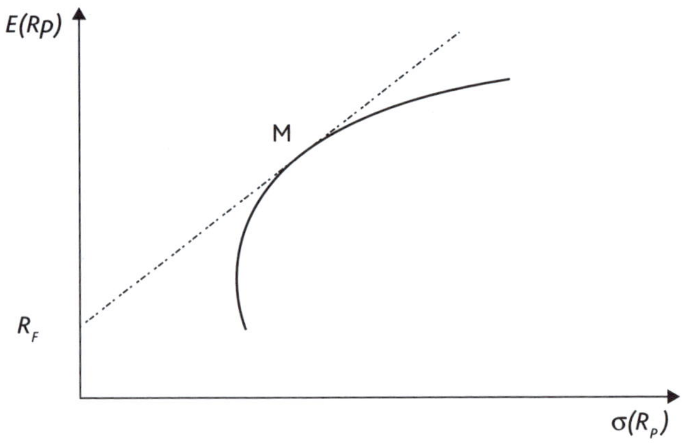

Tous les portefeuilles efficients sont obtenus par des combinaisons du taux sans risque avec ce **portefeuille tangent** M qui est un portefeuille « super-efficient » car il permet de maximiser la pente de la droite.

Le calcul de la pente de cette droite, pour un portefeuille P, est donné par le **ratio de Sharpe** qui rapporte la rentabilité excédentaire du portefeuille P à la volatilité du portefeuille P, soit :

$$\text{Ratio de Sharpe} = \frac{E(R_P) - R_F}{\sigma(R_P)}$$

Ce ratio mesure la **prime de risque** offerte par un portefeuille pour une unité de risque.

La pente de la droite sera la plus forte pour le portefeuille risqué qui maximise ce ratio. C'est ce portefeuille risqué P que l'investisseur doit choisir parmi l'ensemble des portefeuilles risqués disponibles.

▸ Exemple

Les caractéristiques de deux portefeuilles risqués A et B sont les suivantes :

	Rentabilité attendue (%)	Écart-type (%)
A	8,0	9,5
B	8,5	10,0

Le taux d'intérêt des actifs sans risque est de 2 %.

$$S_A = \frac{E(R_A) - R_F}{\sigma(R_A)} = \frac{8\% - 2\%}{9{,}5\%} = 0{,}631$$

$$S_B = \frac{E(R_B) - R_F}{\sigma(R_B)} = \frac{8{,}5\% - 2\%}{10\%} = 0{,}65$$

On choisit donc le portefeuille B. ◂

LE + DE L'EXPERT

La théorie de la diversification du portefeuille a valu à Harry Markowitz le prix Nobel d'économie en 1990.

4 L'évaluation du risque d'un portefeuille : le MEDAF

Mots-clés

Aversion au risque • Coefficient de sensibilité • Droite de marché des capitaux • Droite des titres • Équilibre du marché • MEDAF • Portefeuille efficient

Définition

Le MEDAF est un modèle qui permet d'expliquer les taux de rentabilité des différents actifs en fonction de leur niveau de risque sur un marché à l'équilibre. Il découle des travaux de Sharpe (1964) et de Lintner (1965).

1 Les hypothèses du modèle

Les hypothèses du MEDAF permettent de se placer à l'équilibre du marché, c'est-à-dire lorsque l'offre et la demande sont ajustées sur le marché financier.

Les hypothèses sont les suivantes :

- les investisseurs peuvent emprunter au taux sans risque et peuvent acheter ou vendre n'importe quel actif financier à son prix de marché sans coûts de transaction ;
- les investisseurs détiennent un portefeuille efficient c'est-à-dire qui offre la rentabilité la plus élevée pou un risque donné ;
- les investisseurs ont les mêmes anticipations sur les rentabilités espérées, les risques et corrélations de tous les actifs financiers.

Ainsi, les investisseurs trouvent toujours une contrepartie pour acheter et vendre des titres afin d'atteindre la position qui leur semble optimale.

2 La droite de marché des capitaux

Dans le cadre théorique du MEDAF, le portefeuille efficient est le portefeuille de marché, noté M, commun à l'ensemble des investisseurs. Il comprend l'ensemble de tous les titres risqués en proportion de leur capitalisation boursière.

Tout investisseur peut alors constituer son portefeuille en combinant du portefeuille M et de l'actif sans risque R_F. Les autres stratégies ne sont pas optimales.

Le portefeuille M est le point de tangence entre la droite (R_F,M) et la frontière efficiente (↪ fiche 3). La droite (R_F,M) constitue la frontière efficiente en présence de l'actif sans risque ; il s'agit de la droite de marché des capitaux (*capital market line,* CML).

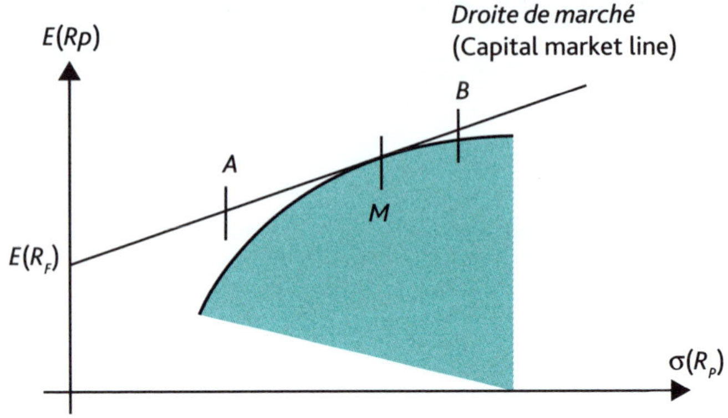

La décision de l'investisseur s'opère selon son degré d'**aversion au risque** (↪ fiche 2) :

- au point R_F, tout le capital est placé dans l'actif sans risque ;
- au point *A*, une partie est placée dans le portefeuille M ;
- au point *M*, tout le capital est placé dans le portefeuille M ;
- au point *B*, on contracte un emprunt (au taux sans risque) et on place cette somme dans le portefeuille M.

3 La droite des titres

Le cadre du MEDAF permet de déterminer la rémunération d'un titre *i* quelconque en fonction de son risque systématique, c'est-à-dire en fonction de sa contribution individuelle au risque du portefeuille de marché.

Le **coefficient de sensibilité** des fluctuations d'un titre *i* aux fluctuations du marché est appelé « bêta du titre *i* ». Il est noté β_i.

Ainsi, β_i est une mesure du risque systématique qui affecte l'ensemble des titres. Risque non diversifiable, lui seul doit être rémunéré.

Le MEDAF permet donc de poser que le rendement d'un titre *i* est égal à :

$$E(R_i) = R_F + [E(R_M) - R_F]\beta_i$$

avec :

$$\beta_i = \frac{\sigma(R_i) \times \rho(R_i, R_M)}{\sigma(R_M)} = \frac{COV(R_i, R_M)}{VAR(R_M)}$$

À partir de cette relation, on établit la **droite des titres** (droite de marché des titres risqués, *security market line*), relation linéaire entre le Bêta d'un titre *i* et son espérance de rentabilité :

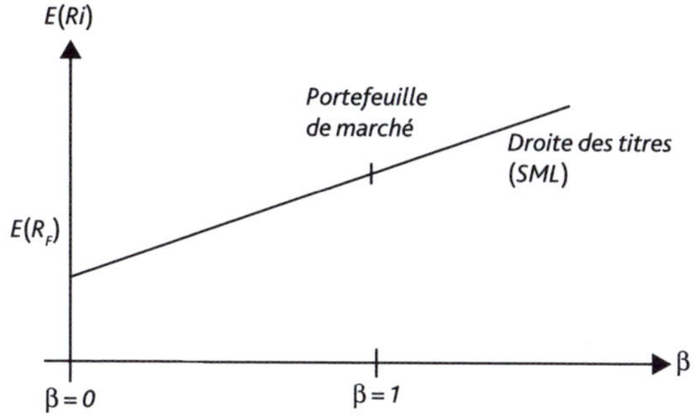

À l'équilibre, les points représentatifs de l'ensemble des titres et portefeuilles sont présents sur la droite.

▸ Exemple

Le marché boursier d'un État est composé de sept valeurs cotées qui possèdent les caractéristiques suivantes :

Titre	Nb de titres en circulation	PU	Titre	Nb de titres en circulation	PU
A	456 178	12,05	E	479 382	7,21
B	312 985	6,98	F	412 298	11,76
C	45 789	21,54	G	26 336	56,86
D	267 032	9,32			

Cet État a émis un emprunt garanti et rémunéré à 3 % et la prime de marché est de 4,5 %. Un investisseur possède un capital de 10 000 qu'il souhaite placer sur ce marché.

1. *Que signifie la capitalisation boursière d'une firme ? Quelle est la rentabilité espérée sur ce marché ?*

La capitalisation boursière d'une firme est égale au nombre de ses titres multiplié par leur cours. Comme le taux sans risque est de 3 % et que la prime de marché est de 4,5 %, on en déduit que la rentabilité du marché est de 3 % + 4,5 %, soit 7,5 %.

2. *Quelle fraction de chaque titre doit-il détenir s'il souhaite que son portefeuille corresponde au portefeuille de marché ? Quel est l'intérêt de cette stratégie ? Quelle sera la proportion de capital détenue sur chaque firme ?*

Cette stratégie consiste à investir dans un fonds indiciel (le portefeuille de marché) en se disant qu'il est impossible de « battre le marché » sur une longue période. On parle de gestion « passive ».

Titre	Capitalisation boursière	% dans le portefeuille de marché	Montant à placer dans chaque titre	Nb de titres à acheter	% du capital détenu
A	5 496 944,9	26,23	2 622,71	218	0,048[(a)]
B	2 184 635,3	10,42	1 042,34	149	0,048
C	986 295,06	4,71	470,58	22	0,048
D	2 488 738,24	11,87	1 187,43	127	0,048
E	3 456 344,22	16,49	1 649,09	229	0,048
F	4 848 624,48	23,13	2 313,38	197	0,048
G	1 497 464,96	7,14	714,47	13	0,048
Total	20 959 047,16	100,00	10 000,00		

(a) = $\frac{218}{456\,178}$

3. *Les Bêtas des titres A et B sont respectivement de 0,9 et 1,4. Un investisseur souhaite composer un portefeuille constitué de ces deux titres à parts égales. Que signifie le Bêta de ces titres ? Quels sont les Bêtas du portefeuille de marché et de l'emprunt garanti ? Quelle sera la rentabilité du portefeuille ?*

Compte tenu des Bêtas indiqués, on peut calculer les rentabilités espérées des titres A et B :

$$E(R_A) = 3\,\% + 4{,}5\,\% \times 0{,}9 = 7{,}05\,\%$$

$$E(R_B) = 3\,\% + 4{,}5\,\% \times 1{,}4 = 9{,}3\,\%$$

Le Bêta représente la part de risque systémique apporté par le titre. Il traduit la sensibilité du titre aux variations du marché. Le Bêta de B étant supérieur à 1, il est normal que la rentabilité à attendre de ce titre soit plus forte.

On sait que pour un titre x, on a :

$$\beta_x = \frac{\sigma(R_x) \times \rho(R_x, R_m)}{\sigma(R_m)} = \frac{COV(R_x, R_m)}{VAR(R_m)}$$

Pour l'actif sans risque, son risque est par définition nul ainsi que sa corrélation avec le portefeuille de marché :

$$\beta_{RF} = \frac{0 \times 0}{\sigma(R_m)} = 0$$

Pour le portefeuille de marché, la corrélation avec lui-même est totale, c'est-à-dire de 1. D'où :

$$\beta_{Rm} = \frac{\sigma(R_m) \times 1}{\sigma(R_m)} = 1$$

La rentabilité du portefeuille constitué de A et de B à parts égales sera :

$$E(R_p) = 50\,\%\, E(R_A) + 50\,\%\, E(R_B) = 8{,}17\,\%$$

4. *Les volatilités du marché et du titre C sont respectivement de 15 % et 20 %. Ce titre a une corrélation de 35 % avec le portefeuille de marché. Quelle sera la rentabilité espérée de ce titre ?*

Pour le titre C, on aura :

$$\beta_C = \frac{20\,\% \times 35\,\%}{15\,\%} = 0{,}47$$

La rentabilité espérée du titre C sera donc : $E(R_C) = 3\,\% + 4{,}5\,\% \times 0{,}47 = 5{,}61\,\%$ ◄

LE + DE L'EXPERT

Le MEDAF est très largement utilisé en finance d'entreprise (coût du capital, rentabilité des investissements, etc.). Bien que critiqué, il est source d'apports fondamentaux.

5 Les modèles d'évaluation alternatifs au MEDAF

Mots-clés

APT • MEDAF • Méthode endogène • Méthode exogène • Modèle multifactoriel • *Momentum* • Opportunité d'arbitrage • Prime de marché • Stratégie *momentum*

1 Les critiques adressées au MEDAF

Les investisseurs qui ont utilisé le MEDAF (↪ fiche 4) pour gérer leurs portefeuilles se sont notamment heurtés à deux difficultés majeures :

- il est difficile, voire impossible, de déterminer le portefeuille de marché, c'est-à-dire celui qui contient tous les actifs risqués ;
- l'instabilité du Bêta dans le temps pose un problème délicat de mesure et d'utilisation.

2 Le modèle d'évaluation par arbitrage – APT

Définition

L'approche des modèles multifactoriels considère d'autres variables que le portefeuille de marché pour évaluer les actifs de manière empirique. Elle repose fondamentalement sur la combinaison de portefeuilles de facteurs dans un contexte d'absence d'opportunité d'arbitrage.

A. La construction du modèle

Dans le cas du MEDAF, une seule variable explique la rentabilité d'un titre : c'est la rentabilité excédentaire du portefeuille de marché sur l'actif sans risque, soit $\beta(R_M - R_F)$.

Dans l'*Arbitrage Pricing Theory* (APT), il existe plusieurs variables explicatives communes, les facteurs, qui permettent de constituer un portefeuille efficient qui ne recouvre pas uniquement le portefeuille de marché.

Les Bêtas des facteurs (↪ fiche 3) représentent, respectivement, les sensibilités du titre *i* à chacun des *N* facteurs de risque. Ils s'interprètent de la même manière que le bêta dans le MEDAF.

En l'absence d'opportunité d'arbitrage, l'APT indique que la rentabilité d'un titre risqué *i* vérifie la relation suivante :

$$E(R_i) = R_F + \sum_{n=1}^{N} \beta_i^{Facteur\ n} \left[E(R_{Facteur\ n}) - R_F\right]$$

B. Le choix des facteurs à retenir

Il existe deux méthodes opérationnelles de mise en œuvre du modèle.

Méthodes endogène et exogène

Méthode endogène	Elle ne fait appel qu'à des données relatives à l'univers des titres sur lequel on applique le modèle.
Méthode exogène	On sélectionne des facteurs micro ou macro-économiques susceptibles d'influencer les rentabilités des titres (ex. : la croissance mensuelle de la production industrielle, la variation de l'inflation, etc.).

3 Le modèle à trois facteurs de Fama et French

A. Le fondement de l'approche

Le modèle à trois facteurs est fondé sur des observations des valeurs de marché avec un tri systématique sur les marchés américains (NYSE, Amex et NASDAQ) depuis 1951. Fama et French (1992) constatent que deux types d'actions ont tendance à mieux se comporter que l'ensemble du marché :

- les petites valeurs (*small caps*) ;
- les actions ayant un *book-to-market ratio* (B/M, valeur comptable / valeur boursière des fonds propres)* élevé.

Il semble que les rentabilités des actifs financiers soient sensibles à ces deux facteurs qui n'apparaissent pas explicitement dans le MEDAF.

B. La construction du modèle

La caractérisation des facteurs

Fama et French ont montré que trois facteurs expliquaient les rentabilités constatées :

- le marché ;
- la taille (mesurée par la capitalisation boursière : *small / large caps*) ;
- le *book-to-market ratio* (B/M).

Lorsque le ratio book-to-market est élevé, on parle de value stocks (actions de valeur ou actions à revenu). Dans le cas inverse, on parle de *growth stock* (valeurs de croissance).

Le modèle à trois facteurs

Outre la prime de marché, Fama et French ajoutent donc les facteurs de risque suivants :

- le facteur SMB (*Small Minus Big*), prime de rendement des titres de faibles capitalisations par rapport aux titres de capitalisations élevées ;
- le facteur HML (*High Minus Low*), prime de rendement des titres de valeur par rapport aux titres de croissance.

Le modèle construit permet d'indiquer que la rentabilité d'un titre *i* est :

$$R_i = R_F + \beta_i^M (R_M - R_F) + \beta_i^{SMB} R_{SMB} + \beta_i^{HML} R_{HML}$$

* Cf. Fiche 14, « la mesure financière de la création de valeur ».

▶ Exemple

La société Bianca est une firme cotée. Ses dirigeants sont très attentifs au suivi de la valeur boursière de ses titres.
Les titres de cette société ont un Bêta de 1,12.
Taux de rentabilité de l'actif sans risque : 3,0 %
Taux de rentabilité du marché : 9,0 %
Prime de rendement des faibles capitalisations (SMB) : 3,7 %
Prime de rendement des titres de valeur (HML) : 4,1 %
Après différentes études menées, les dirigeants ont pu estimer les Bêtas de la firme par rapport aux facteurs SMB et HML : ils sont respectivement de 0,45 et – 0,38.
Selon le MEDAF, la rentabilité du titre est : 3 % + (9 % × 1,12), soit 13,08 %. Selon la formule de Fama et French, la rentabilité du titre est : 3 % + (9 % – 3 %) × 1,12 + (3,7 % × 0,45) + (4,1 % × – 0,38), soit 9,83 %. ◀

Les critiques adressées au modèle de Fama et French

Sur un plan empirique, les critiques suivantes ont été émises :

- l'existence de biais entachent la validité de la méthodologie ;
- le modèle ne s'appliquerait pas aussi bien à d'autres économies avancées ;
- l'effet taille semble avoir disparu, au moins partiellement ;
- il semble improbable que le nombre, la nature et la magnitude des facteurs de risque communs restent inchangés au cours du temps, compte tenu du caractère dynamique de l'environnement économique et financier.

Sur un plan plus théorique, les explications de Fama et French sur la présence empirique des facteurs SMB et HML n'ont pas toujours été jugées convaincantes.

C. Le modèle à trois facteurs étendu de Fama, French et Carhart

Ce modèle est une extension plus récente du modèle de Fama et French. Il prend en compte un facteur commun supplémentaire, le *momentum*.

Définition

Le ***momentum*** est la tendance du prix d'un actif à continuer de monter (ou de descendre) une fois la tendance entamée.

Les **stratégies *momentum*** consistent à acheter des actions avec des rendements élevés sur les derniers mois et à vendre des actions avec de faibles rendements en contrepartie.

Le modèle devient :

$$R_i = R_F + \beta_i^M (R_M - R_F) + \beta_i^{SMB} R_{SMB} + \beta_i^{HML} R_{HML} + \beta_i^{MOM} R_{MOM}$$

LE + DE L'EXPERT

Les deux modèles, MEDAF et APT, présentent chacun des avantages et des inconvénients. Il est difficile de discerner un consensus, tant parmi les théoriciens que parmi les praticiens.

6 Les placements financiers et la gestion immobilière

Mots-clés

Erreur de poursuite • Fonds indiciel • Gestion de portefeuille • Gestion immobilière • Gestion indicielle • *Hedge* funds • Placement financier • Ratio d'information

1 La gestion de portefeuille d'actifs financiers

A. La gestion passive ou indicielle

Les marchés financiers génèrent des rendements positifs à long terme. Mais l'hypothèse d'efficience informationnelle des marchés (↪ fiche 1) sous-entend que les investisseurs ne peuvent pas obtenir des taux de rémunération supérieurs à la moyenne de manière répétée ou régulière. Dans ce cas, l'investisseur ne peut pas battre le marché si ce n'est « par chance ». En conséquence, il doit se limiter à la diversification de son portefeuille d'actifs financiers risqués. Sa gestion est passive puisqu'il n'engage aucune recherche d'information pour détecter des valeurs qui sont sous-évaluées, par exemple.

Un gérant de portefeuille qui obéit à ses principes applique un style de gestion passif ou indiciel.

Définitions

- La **gestion indicielle** consiste à suivre au plus près l'évolution d'un indice de référence ou *benchmark*, et ce, en minimisant les coûts de transaction qui pénalisent la performance finale du portefeuille.
- Les **fonds indiciels** ont pour objectif de reproduire la performance d'un indice cible (*benchmark*).

Le premier fonds indiciel a été lancé aux États-Unis, le 31 décembre 1975 avec pour objectif de répliquer la performance du S&P 500. En France, ce sont des organismes de placement de valeurs mobilières (OPCVM) qui indiquent un style de gestion indiciel.

La gestion de portefeuille indicielle s'est particulièrement développée avec l'émergence des fonds indiciels cotés (FIC) en Bourse ou *Exchange Traded Funds* (ETF). Le premier ETF est apparu en 1993 aux États-Unis. Il réplique l'indice S&P 500. Initialement, ces produits se limitaient aux actions. Désormais, ils s'étendent à toutes les classes d'actifs financiers (actions, obligations, devises) et physiques (l'or, le cuivre, le blé notamment).

Dans le cadre de la gestion indicielle, on ne cherche pas à mesurer la performance d'un portefeuille en tant que telle. En revanche, on utilise un indicateur qui mesure l'erreur de réplication. Il s'agit de l'erreur de poursuite.

Définition

L'**erreur de poursuite** ou « *tracking error* » est une mesure de concordance entre les rendements du portefeuille et ceux de l'indice. Techniquement, c'est l'écart-type de la déviation entre les rentabilités de l'indice et les rentabilités du portefeuille.

B. Les modalités de la gestion de portefeuille

La gestion de portefeuille est opérée :

- Soit pour compte propre ;
- Soit pour compte de tiers :
  - sous forme de gestion individuelle (gestion de patrimoine d'un individu selon des critères financiers, juridiques et fiscaux) ;
  - sous forme de gestion collective, tout dépend si les fonds des investisseurs privés ou institutionnels sont mis en commun (gestion collective de type OPCVM).

Principaux acteurs de la gestion pour compte de tiers

Acteurs de la gestion de l'actif	
Dépositaire	Les sociétés de gestion de portefeuille (SGP) ne peuvent détenir ni titres ni espèces en provenance de leurs clients. Ces actifs sont alors confiés à une entité distincte : le dépositaire (C. mon. fin., art. L214-24). Cet acteur remplit deux missions : la conservation des actifs du fonds et le contrôle de la régularité des décisions de gestion conformément à la notice de gestion déposée auprès de l'AMF.
Courtier (*broker*)	Les courtiers sont des intermédiaires habilités à négocier les actifs financiers sur un marché réglementé pour le compte de tiers.
Prime broker	Il intervient dans le cadre de la gestion alternative comprenant des opérations classiques d'intermédiation sur les marchés financiers (achat et vente pour le compte du client), ainsi que des services de financement en appui des stratégies d'investissement des gestions alternatives (prêts et emprunts de titres, etc.).
Acteurs de la gestion du passif	
Teneurs de compte et de registre	• La tenue de compte-émetteur consiste à assurer le suivi et l'exécution de toutes les opérations dont les parts de l'OPC font l'objet et à les inscrire en compte au nom de leur titulaire, puis à assurer la conservation des avoirs correspondants (c'est-à-dire la détention des parts de l'OPC). Cette tenue de registre peut éventuellement être confiée à un tiers. • Le teneur de compte-émetteur procède également aux opérations de règlement/livraison sur les parts de l'OPC.
Centralisateur	Le centralisateur réceptionne l'ensemble des ordres de souscription/rachat sur les parts de l'OPC (venant entre autres des « distributeurs »). Il contrôle la conformité de ces ordres aux conditions figurant dans le prospectus ou la convention de commercialisation. Il communique les diverses informations collectées à la société de gestion, au teneur de compte émetteur (création ou radiation des parts) et au dépositaire de l'OPC (mouvements de fonds).
Agents de transfert	• Dans le cadre de la commercialisation à l'étranger de leurs OPCVM, les sociétés de gestion ont recours à un agent de transfert. C'est un intermédiaire incontournable de support à la distribution transfrontière. Outre son rôle de collecteur des ordres de souscription/rachat sur l'ensemble du pays de commercialisation, il tient également les positions de chaque commercialisateur, calcule les commissions de distribution attendues et diffuse les éléments de *reporting* associés. • L'agent de transfert est donc pour l'étranger ce que le teneur de compte émetteur, le teneur de registre et le centralisateur sont en France.

Principaux produits issus de gestion collective

	Type de fonds	Caractéristique principale
Gestion passive	Fonds d'investissement non cotés. En France, ce sont des Sicav et des FCP indiciels	Ils suivent la performance d'un indice de référence.
	Fonds indiciels cotés (ETF)	Ils sont plus flexibles que les OPC indiciels.
Gestion active	Fonds investis selon des classes d'actifs financiers, selon des critères financiers	Ils peuvent être investis en produits monétaires, obligataires, actions ou diversifiés.
	Fonds issus de l'Investissement socialement responsable (fonds ISR)	Ils font appel à des critères financiers et des critères extra-financiers (les deux à la fois).

Les fonds spéculatifs ou hedge funds

Les *hedge funds* sont moins réglementés qu'en gestion collective. En pratique, ils utilisent cette flexibilité pour investir sur l'ensemble des produits financiers existant sur les marchés de capitaux et les marchés dérivés en fonction des opportunités de marché. Ils constituent un univers extrêmement hétérogène en termes de stratégie d'investissement. Ils peuvent avoir les dénominations de fonds de gestion alternative, fonds spéculatifs, fonds d'arbitrage, fond de couverture, etc.

Principales caractéristiques des *hedge funds*

Ces fonds sont réservés à un petit nombre de souscripteurs ou d'investisseurs institutionnels.

Juridiquement, ces fonds sont constitués en sociétés en commandite par actions (*partnerships*) fréquemment domiciliées dans des places financières *offshore*.

La réglementation interdit à ces sociétés de solliciter le grand public en raison de stratégies plus risquées que la moyenne des autres fonds de l'industrie de la gestion d'actifs.

Les gérants sont des associés qui investissent leurs capitaux et ceux des commanditaires (souscripteurs), favorisant l'alignement des intérêts des deux parties.

C. Les mesures de performance de portefeuille d'actifs financiers

Les mesures traditionnelles de performance

	Formulation	Commentaires
Ratio de Sharpe	$S = \frac{R_p - R_f}{\sigma_p}$	Rendement du portefeuille en excès sur le taux sans risque par unité de risque total.
Ratio de Treynor	$T = \frac{R_p - R_f}{\beta_p}$	Rendement du portefeuille en excès sur le taux sans risque par unité de risque systématique.
Alpha de Jensen	$\alpha_p = (R_p - R_f) - [\beta_p \times (R_m - R_f)]$	Mesure absolue qui cherche à capturer le rendement du portefeuille imparfaitement diversifié. Il indique alors une sous-performance ou une surperformance.
Remarques	• La mesure de Jensen divisée par β_p, le risque systématique du portefeuille est égale à celle de Treynor moins un terme constant. • Il n'est pas possible de comparer deux fonds de risque différents sur la base de l'indice de Jensen	
Avec R_p : la rentabilité du portefeuille p ; R_f : la rentabilité du taux sans risque ; R_m la rentabilité du marché ; β_p : le risque systématique du portefeuille p ; σ_p : le risque total du portefeuille p.		

Le ratio d'information (appraisal ratio)

Le ratio d'information est particulièrement adapté pour mesurer la performance d'un gérant actif. Cette mesure est fondée sur une approche du risque spécifique.

Définition

Le **ratio d'information** mesure la performance, par rapport à l'indice de référence, compte tenu du différentiel de risque, par rapport à cet indice : c'est la rentabilité moyenne en excès (sur l'indice de référence), par unité de volatilité de rentabilité en excès (sur l'indice de référence). Il se formule de la façon suivante :

$$RI_p = \frac{E(R_p - R_b)}{\sqrt{Var(R_p - R_b)}}$$

Intuitivement, le ratio est un rapport bénéfice/coût :

- un ratio égal à 0,5 est bon ;
- un ratio égal à 0,75 est très bon ;
- un ratio de 1 est exceptionnel sur une base annuelle.

Empiriquement, il est très rare d'observer des ratios supérieurs à 0,5.

2 La gestion immobilière

A. Les caractéristiques des marchés immobiliers

Les marchés immobiliers se différencient fortement des marchés boursiers en termes de produits et de caractéristiques de marché. Les marchés immobiliers découlent de la nature des biens immobiliers. Ils sont qualifiés par :

- une absence de marché centralisé ;
- une transparence réduite ;
- un déséquilibre entre l'offre et la demande ;
- une forte présence de l'État ;
- des coûts de transaction élevés en raison notamment du faible nombre de transactions.

La taille des marchés immobiliers est plus difficilement mesurable que celle d'un marché boursier qui se mesure par sa capitalisation boursière.

Types de placements immobiliers

Placement direct	• Manière la plus simple d'investir par souci de diversification de son patrimoine. • Environ 25 % du marché de l'immobilier actuel.
Placement indirect non coté	• Véhicules d'investissement non cotés. • Deux types principaux : – fonds à structure fermé de *private equity* (durée de vie comprise de 5 à 10 ans) ; – fonds à structure ouverte plus liquides que des placements directs.
Placement indirect coté	• Applicable à des titres de sociétés détenant principalement des actifs immobiliers. Ces titres sont alors cotés en Bourse. • En France, statut de société d'investissement immobilier cotée (SIIC). Combinaison d'une exposition à un portefeuille immobilier bien diversifié et d'une offre importante de liquidité.

B. Les indicateurs d'évolution des prix et risques

Il existe une multitude d'indices.

▶ Exemple

Coexistent des indices fondés sur le prix des transactions, sur la méthode des ventes répétées, les indices de l'immobilier résidentiel, ceux de l'immobilier indirect… ◀

La construction d'indices immobiliers cotés s'effectue de la même manière que les indices boursiers. La société Global Property Research publie de tels indices. Elle calcule notamment :

- le GPR 250 Index sur la base des 250 titres mondiaux les plus liquides ;
- le GPR General Index sur la base de toutes les sociétés immobilières mondiales.

L'immobilier est caractérisé par des cycles relativement longs, ce qui peut conduire les investisseurs à sous-estimer les risques propres à ce type d'investissement.

Principaux risques affectant le marché immobilier

Risque d'exploitation	Il se traduit par un ralentissement des revenus liés à l'activité (cash-flow d'exploitation). Il peut découler d'éléments micro-économiques (modification de la structure d'une population, d'un lieu, etc.) et d'éléments macro-économiques (croissance des taux d'intérêt, de l'inflation, ralentissement de la croissance, etc.).
Risque environnemental	Il est lié à l'environnement dont une modification peut faire baisser la valeur du bien comme la découverte d'amiante dans un bâtiment (problème de santé publique).
Risque lié à la construction	Il concerne les défauts éventuels d'une construction et découvert tardivement
Risque législatif	Certaines lois sont rétroactives et impactent la valeur du bien (ex. : loi fiscale).
Risque de liquidité	Ce risque est propre au marché immobilier et il est rémunéré.
Risque de gestion	Il comprend l'entretien du bien locatif (contrôle de la qualité du bien), la publicité liée à ce bien locatif. Ce risque est diversifiable en ayant recours à différentes agences locatives par exemple.
Risque financier	Ce risque est lié à l'endettement. Il amplifie les autres risques.

LE + DE L'EXPERT

L'illiquidité ou la faible liquidité sur le marché immobilier est liée au temps : la vente d'un bien immobilier, surtout lorsque sa valeur est élevée, nécessite plusieurs mois voire des années.

7 Le diagnostic financier : démarche générale et ratios

Mots-clés

Création de richesse • Diagnostic financier • EBITDA • Liquidité • Marge brute • Résultat net • Résultat opérationnel • Solvabilité • Taux de marge opérationnelle • Taux de vieillissement des immobilisations

1 Les principes et règles applicables au diagnostic

A. Les points à retenir en amont

- Un diagnostic financier repose avant tout sur la connaissance du secteur et de l'environnement de l'entreprise.
- La compréhension du modèle économique est fondamentale pour interpréter les états financiers.
- Les perspectives futures doivent être examinées en fonction des éléments passés.
- Avant d'entamer un diagnostic financier, il est nécessaire de :
  - comprendre le(s) métier(s) et l'(es)activité(s) : marchés, produits, modèle économique, processus, réseaux de distribution, gouvernance, RSE, facteurs humains, etc. ;
  - comprendre l'information comptable : règles et principes comptables, suivis, rapport des CAC, etc.

B. L'idée essentielle

La création de richesse nécessite des investissements qui doivent être financés et suffisamment rentables.

C. Les étapes du diagnostic

Un diagnostic financier se décompose en quatre étapes.

1. La création de richesse : analyse de l'activité, des marges, des points morts…
2. Cette création de richesse nécessite des investissements : étude du BFR, de la liquidité, des actifs immobilisés…
3. Ces investissements doivent être financés : étude de la structure financière (capitaux propres, endettement, etc.)…
4. Ces investissements doivent être suffisamment rentables : étude de la rentabilité (économique et financière).

D. La présentation de la synthèse

La synthèse est normée ; elle suit un plan type.

Points positifs/Points négatifs
Conclusion
Solvabilité/Création de valeur
Avis de l'analyste financier (recommandations)

2 Les principaux ratios

A. L'analyse de l'activité et des marges

L'activité est examinée en premier lieu par le chiffre d'affaires et surtout par son évolution. Il s'agit d'examiner s'il y a une croissance ou non du CA. Des facteurs externes et internes impactent le CA. Par ailleurs, dans un groupe, il est possible de calculer une variation du CA par secteurs d'activité et/ou zones géographiques.

$$\text{Taux de variation du CA} = \frac{CA_N - CA_{N-1}}{CA_{N-1}}$$

La marge brute est un indicateur de positionnement sur un marché/produit.

$$\text{Marge brute} = \text{CA} - \text{Coût des ventes}$$

$$\text{Taux de marge brute} = \frac{\text{Marge brute}}{\text{Chiffre d'affaires}}$$

L'EBITDA est un solde ressemblant à l'excédent brut d'exploitation (EBE). Il permet d'apprécier la performance économique brute.

$$\text{Taux de marge économique brute} = \frac{\text{EBITDA}}{\text{Chiffre d'affaires}}$$

L'EBIT (*Earnings Before Interest and Taxes*) est un indicateur très proche du résultat d'exploitation (REX) ou du résultat opérationnel courant (ROC). Il est affecté par le choix des méthodes et durées d'amortissement des immobilisations corporelles et incorporelles.

ROC = EBITDA – Dotations (nettes des reprises) aux amortissements opérationnels courants

On peut calculer le taux de marge opérationnelle, globalement mais également par secteurs d'activité ou par zones géographiques.

$$\text{Taux de marge opérationnelle courante} = \frac{\text{Résultat opérationnel courant}}{\text{Chiffre d'affaires}}$$

Le **résultat opérationnel** traduit l'écart entre les charges et produits ne provenant que des activités considérées comme opérationnelles mais pas financières. Les « autres produits et charges opérationnels non courants » peuvent notamment comprendre des dépréciations d'écarts d'acquisition d'autres immobilisations incorporelles et corporelles, des résultats de cession d'actifs immobilisés, des coûts de restructuration et des coûts relatifs aux mesures d'adaptation des effectifs.

$$\text{Taux de marge opérationnelle} = \frac{\text{Résultat opérationnel}}{\text{Chiffre d'affaires}}$$

Le **résultat net** intègre l'ensemble des sociétés intégrées globalement y compris les sociétés mises en équivalence.

$$\text{Taux de marge nette} = \frac{\text{Résultat net consolidé}}{\text{Chiffre d'affaires}}$$

B. L'analyse de la solvabilité et de la liquidité

Définition

La **solvabilité** est la capacité à synchroniser les flux d'encaissement et de décaissement afin d'assurer un équilibre financier à long terme, de manière à ce que les actifs nets puissent couvrir ce que l'on doit.

La notion de solvabilité est souvent appréhendée par l'importance des capitaux propres vis-à-vis de l'endettement. Mais on peut également l'appréhender par la notion de Fonds de Roulement (excèdent des Ressources permanentes sur les emplois permanents). Il est possible de ce fait d'exprimer la notion de « Besoin en Fonds de Roulement ». Le BFR doit toujours être ramené à l'activité.

$$\text{Ratio du BFR} = \frac{\text{Besoin en fonds de roulement}}{\text{Chiffre d'affaires}} \times 365 \text{ jours}$$

Définition

La **liquidité** exprime l'aptitude du groupe à faire face à court terme à ses échéances financières.

À travers un bilan consolidé simplifié en trois blocs à l'actif (stocks, créances, trésorerie), il est possible de présenter trois niveaux de liquidité.

- Ratio de liquidité générale : $L_G = \dfrac{\text{Actifs courants}}{\text{Passifs courants}}$
- Ratio de liquidité réduite : $L_R = \dfrac{\text{(Actifs courants – Stocks)}}{\text{Passifs courants}}$
- Ratio de liquidité immédiate : $L_I = \dfrac{\text{Trésorerie et équivalents}}{\text{Passifs courants}}$

Les actifs courants doivent couvrir les passifs courants. Le ratio L_G doit être supérieur à 1. Pour analyser l'outil industriel d'un groupe, on peut utiliser le **taux de vieillissement des immobilisations**.

$$\text{Taux de vieillissement des immobilisations} : = \frac{\text{Immobilisations nettes}}{\text{Immobilisations brutes}} > 0{,}30 \text{ ou } 30\ \%$$

En deçà de 30 %, on considère que l'outil de travail est vieillissant

LE + DE L'EXPERT

Il peut être intéressant de rapporter les dotations aux amortissements aux montants des investissements. Ce rapprochement fournit une indication quant à la stratégie du groupe (croissance, stabilité ou report d'investissement).

8 Le diagnostic financier : analyse de la structure financière et de la rentabilité

Mots-clés

Diagnostic financier • *Gearing* • Ratio • Rentabilité • ROCE • ROE • Structure financière

1 Les ratios d'analyse de la structure financière

Les principaux ratios liés à l'étude de la structure financière sont les suivants :

$$\text{Taux d'endettement net ou } \textit{gearing} = \frac{\text{Endettement financier net}}{\text{Capitaux propres}}$$

$$\text{Capacité d'endettement net} = \frac{\text{Endettement financier net}}{\text{MBA ou FTA}} < 3 \text{ années}$$

$$\text{Indépendance financière ou autonomie financière} = \frac{\text{Dettes financières à LMT}}{\text{Capitaux propres}}$$

$$\text{Couverture des charges d'intérêts} = \frac{\text{Coût de l'endettement financier net}}{\text{Résultat opérationnel}}$$

2 L'analyse de la rentabilité

A. La rentabilité économique

Le meilleur estimateur de la rentabilité économique est le *Return On Capital Employed* (ROCE).

Définition

Le ROCE vise à mesurer la rentabilité et l'efficacité des investissements en capital nécessaires à l'activité d'une firme. La rentabilité des capitaux employés peut être définie par :

ROCE = Résultat économique après IS / Capitaux employés

Il y a donc plusieurs possibilités de calculer le ROCE. L'estimation la plus pertinente du ROCE est obtenue comme suit :

$$\text{ROCE} = \frac{\text{ROC} \times (1 - \text{T})}{(\text{Immobilisations nettes} + \text{BFRE})}$$

avec T : taux d'impôt sur les sociétés

Le ROCE peut être décomposé de manière à comprendre l'origine de cette rentabilité économique.

Rentabilité économique = Indicateur de marge × Taux de rotation des actifs économiques

$$ROCE = \frac{ROC \times (1 - T)}{CA} \times \frac{CA}{\text{Capitaux employés}}$$

Avec :

- le ratio de marge opérationnelle courante d'activité (après impôt) : $\frac{ROC \times (1 - T)}{CA}$;
- le ratio de rotation des actifs économiques (capitaux employés) : $\frac{CA}{\text{Capitaux employés}}$

B. La rentabilité financière

Définition

Le *Return on Equity* (ROE) mesure la rentabilité des capitaux propres.

$$ROE = \frac{\text{Résultat net}}{\text{Capitaux propres}}$$

Au niveau d'un groupe, deux cas peuvent être distingués :

Prise en compte des intérêts minoritaires (optique orientée IFRS)	Non-prise en compte des intérêts minoritaires (optique orientée analyste financier)
ROE = Résultat net de l'ensemble consolidé / (Capitaux propres du groupe + Intérêts minoritaires)	ROE = Résultat net part du groupe / Capitaux propres du groupe

Il existe un lien mécanique entre la rentabilité économique et la rentabilité financière : c'est l'effet de levier (*financial leverage*) qui n'est rien d'autre qu'un élément explicatif du ROE.

$$ROE = ROCE - (ROCE - Cd^*) \times \frac{D}{CP}$$

Avec :

ROE, la rentabilité financière

ROCE, la rentabilité économique

Cd*, le coût de l'endettement financier net après impôt

D, l'endettement financier net

CP, le montant des capitaux propres

Le rapport $\frac{D}{CP}$ est appelé bras du levier ou *gearing*. La rentabilité financière est égale à la rentabilité économique majorée de l'effet de levier (surplus de rentabilité économique par rapport au coût de l'endettement fois le *gearing*).

▶ **Exemple**

À partir du compte de résultat du Groupe RC, calculez et commentez succinctement l'activité du groupe.

Le calcul de l'EBITDA est le suivant :

EBITDA = ROC + Dotations nettes aux amortissements opérationnels courants
+ Charges liés aux plans d'options et assimilés
+ Dividendes versés des sociétés mises en équivalence

En M€	N–4	N–3	N–2	N–1	N
Amortissements des immobilisations corporelles et incorporelles	17,3	18,6	18,8	20,4	21,6
Charge liée aux plans d'options et assimilés	3,7	2,1	1,4	1,8	2,7
Dividendes reçus des entreprises associées	0,5	0,8	0,7	0,4	0,5

Comptes de résultat consolidés du Groupe RC

En M€	N–4	N–3	N–2	N–1	N
Chiffre d'affaires	1 031,6	965,1	1 050,7	1 094,9	1 127,0
Coût des produits vendus	(413,4)	(347)	(384,9)	(364,2)	(366,3)
Marge brute	618,2	618,1	665,8	730,7	760,7
Frais commerciaux	(379,8)	(374,2)	(406,7)	(416,7)	(432,7)
Frais administratifs	(89,6)	(89,4)	(81,6)	(88,5)	(91,7)
Autres produits et charges	1,4	1,5	0,9	0,6	0,4
Résultat opérationnel courant	150,2	156,0	178,4	226,1	236,8
Autres produits et charges opérationnels	(4,9)	0,5	0,3	(4,8)	(13,7)
Résultat opérationnel	145,3	156,5	178,7	221,3	223,1
Coût de l'endettement financier net	(22,8)	(24,0)	(24,0)	(21,4)	(14,4)
Autres produits et charges financiers	(3,4)	(5,7)	(3,3)	(10,5)	(7,6)
Résultat financier	(26,2)	(29,7)	(27,3)	(31,9)	(22,0)
Résultat avant impôts	119,1	126,8	151,4	189,4	201,0
Impôts sur les bénéfices	(45,8)	(33,5)	(44,1)	(44,5)	(53,5)
Quote-part dans le résultat des entreprises associées	(10,9)	(0,7)	(4,8)	(19,6)	0,5

En M€	N–4	N–3	N–2	N–1	N
Résultat net des activités poursuivies	62,4	92,6	102,5	125,2	148,1
Résultat net d'impôt des activités déconsolidées, cédées ou en cours de cession	–	–	–	65	–
Résultat net de l'exercice	62,4	92,6	102,5	190,2	148,1
Dont :					
– part revenant aux participations ne donnant pas le contrôle	–	–	0,1	(0,0)	(0,2)
– part attribuable aux propriétaires de la société mère	62,4	92,6	102,4	148,2	190,3
Résultat net par action des activités poursuivies (€) :					
– de base	1,27	1,91	2,11	2,55	2,97
– dilué	1,27	1,91	2,11	2,42	2,83
Résultat net par action – Part attribuable aux propriétaires de la société mère (€) :					
– de base	1,27	1,91	2,11	3,87	2,98
– dilué	1,27	1,91	2,10	3,68	2,83

Alors que le CA n'a augmenté que de + 9,25 % entre N–4 et N, la marge brute a crû en valeur de + 23,05 % sur la même période, témoignant d'une maîtrise des coûts des achats et des coûts des matières premières.
Le taux de marge opérationnelle courante s'est amélioré de 6,45 % entre N–4 et N, témoignant non seulement d'une marge importante pour une activité industrielle mais aussi d'une amélioration constante, provenant des dépenses réalisées dans les frais commerciaux et publicitaires.
Néanmoins, le groupe présente des taux de marge économique brute et des taux de marge opérationnelle courante inférieurs à la moyenne de son secteur. Même si le taux de marge nette s'est dégradé en N, il est relativement satisfaisant et nettement supérieur à celui des activités industrielles (5 % en moyenne).

Ratios de marges	N–4	N–3	N–2	N–1	N
Marge brute (en M€)	618,1	618,1	665,8	730,7	760,7
Taux de marge brute (%)	59,92	64,05	63,37	66,74	67,50
Variation du taux de marge brute (%)	–	6,89	– 1,06	5,32	1,14
EBITDA (en M€)	171,5	178,2	199,6	248,7	261,6

Ratios de marges	N-4	N-3	N-2	N-1	N
Taux de marge économique brute (%)	16,62	18,46	19,00	22,71	23,21
Variation du taux de marge économique brute (%)	–	11,07	2,88	19,57	2,19
Moyenne du secteur Exane BNP-Paribas (%)	*29*	*29*	*29*	*30*	*31*
Résultat opérationnel courant (en M€)	150,2	156	178,4	226,1	236,8
Taux de marge opérationnelle courante (%)	14,56	16,16	16,98	20,65	21,01
Variation du taux de marge opérationnelle courante	–	11,02 %	5,04 %	21,62 %	1,75 %
Moyenne du secteur Exane BNP-Paribas (%)	*24*	*24*	*23*	*25*	*26*
Résultat opérationnel (en M€)	145,3	156,5	178,7	221,3	223,1
Taux de marge opérationnelle (%)	14,08	16,22	17,01	20,21	19,80
Variation du taux de marge opérationnelle (%)	–	15,13	4,88	18,84	– 2,06
Résultat net	62,4	92,6	102,5	190,2	148,1
Taux de marge nette (%)	6,05	9,59	9,76	17,37	13,14
Variation du taux de marge nette	–	58,62	1,67	78,07	– 24,35

Avec :
Marge brute = CA – Coûts des ventes (pour N : 760,7 = 1 127 – 366,3)
EBITDA = ROC + Dotations nettes aux amortissements opérationnels courants
+ Charges liés aux plans d'options et assimilés
+ Dividendes versés des sociétés mises en équivalence
Pour N : 261,6 = 236,8 + 21,6 +2,7 + 0,5. ◄

LE + DE L'EXPERT

L'investissement doit systématiquement être mis en perspective avec la rentablilité économique. Tout report d'investissement induit une hausse de la rentabilité économique (baisse du montant des immobilisations nettes, ↪ fiche 7).

9 Les indicateurs de flux financiers

Mots-clés

CAF • CAPEX • FTA • FTF • FTI • FTO • MBA • Tableau des flux de trésorerie • Variation du BFR

1 Le tableau de flux de trésorerie

Définition

L'analyse du tableau des flux de trésorerie est devenue indispensable pour mener un diagnostic. Il retrace les flux de trésorerie générés et employés au cours de l'exercice. Seuls les flux entre les tiers et le groupe sont concernés. Le tableau de flux présente la trésorerie cumulée uniquement de toutes les entités sous intégration globale.

Les variations de la trésorerie d'un groupe sont interprétées dans une logique de flux.

FTA/FTO + FTI + FTF + Écarts de change (IAS 21) = Variation de la trésorerie

FTA/FTO : flux de trésorerie lié aux opérations d'activités/d'exploitation

FTI : flux de trésorerie lié aux opérations d'investissement

FTF : flux de trésorerie lié aux opérations de financement

2 Les principaux indicateurs

A. Les flux de trésorerie d'activité

Les activités opérationnelles génèrent des revenus pour le groupe en dehors de ses activités d'investissement et de financement. La présentation « indirecte » permet de déterminer le flux de trésorerie des activités opérationnelles à partir de la marge brute d'autofinancement (MBA) ou de la capacité d'autofinancement (CAF). Dans les deux cas, la variation du besoin en fonds de roulement (BFR) est déduite afin d'obtenir un flux de trésorerie opérationnel réel. On a :

Résultat net de l'ensemble consolidé

+/– Retraitements (*accruals*)

= MBA ou CAF

+/– Δ BFR

= Flux de trésorerie lié aux opérations d'exploitation (FTO) ou Flux de trésorerie d'activité (FTA)

B. Les flux de trésorerie d'investissement

Définition

Les flux de trésorerie d'investissement (FTI) retracent les flux d'entrées (cessions d'immobilisations, etc.) et de sorties (acquisitions d'immobilisations, etc.) de l'exercice.

Les flux de cession d'immobilisations ou d'entités doivent être analysés, notamment par les questions suivantes :

- Quelle est l'importance des cessions comparativement aux flux d'investissements ?
- Peut-on les relier à la stratégie du groupe : stratégie de recentrage, volonté de désendettement ?
- Ces flux sont-ils réguliers (cas du transporteur routier faisant tourner son parc de véhicules) ou exceptionnels ?

Il est possible de comprendre la stratégie d'un groupe par une lecture matricielle du tableau de flux.

Matrice des flux

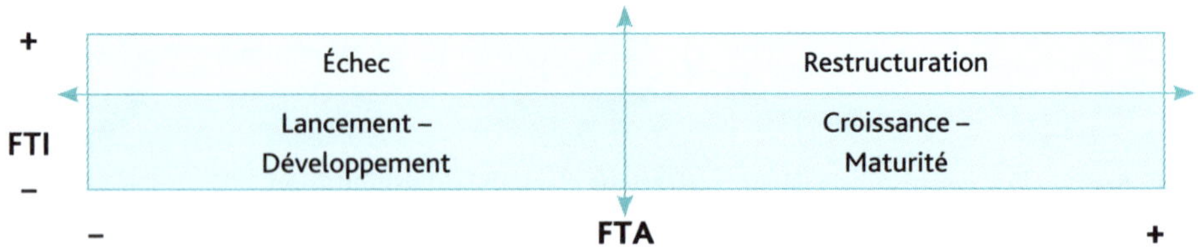

Un groupe en phase de maturité/croissance dispose de FTA positifs et réalise normalement des investissements (FTI négatifs). Un groupe en pleine restructuration cède des actifs ou des branches d'activité (FTI positifs) tout en maintenant des FTA positifs. En revanche, des FTA négatifs et des FTI positifs sont plutôt le signal d'un échec du modèle économique.

Le flux de trésorerie disponible (FTD) ou *Free Cash Flow* (FCF) peut être directement calculé à partir du tableau de flux. Il est égal à :

$$FTD = FTA - CAPEX$$

Définition

Le CAPEX, contraction de *capital expenditures*, désigne les investissements corporels et incorporels. Il représente le flux disponible restant pour assurer la politique de financement.

Si un groupe n'a pas de dettes, alors tout le montant du FTD revient aux actionnaires.

C. Les flux de trésorerie de financement

Les activités de financement retracent les flux relatifs :

- aux transactions entre le groupe et les actionnaires de la société mère : apport de capital en numéraire, paiement de dividendes, rachat d'actions ;

– aux transactions entre les entités intégrées globalement et leurs actionnaires minoritaires ;
– aux souscriptions et aux remboursements d'emprunts à long terme (pour leur part en capital uniquement).

Le flux de trésorerie de financement (FTF) résulte :

- Des flux de trésorerie liés à l'exploitation et aux investissements. Si l'activité ne parvient pas à « autofinancer » l'ensemble des investissements, le groupe doit trouver des ressources externes.
- Des choix et des contraintes de financement. Détaillant les flux entre le groupe et les deux catégories d'apporteurs de fonds, les actionnaires et les prêteurs, il permet de répondre aux questions suivantes : le flux de trésorerie opérationnel est-il suffisant pour assurer le remboursement des emprunts à long et moyen terme ? Comment le groupe financera-t-il ses investissements ? Le groupe fait-il appel aux actionnaires de la société mère pour un apport en capital ? utilise-t-il au contraire une partie du flux de trésorerie opérationnel pour racheter une partie de ses actions en Bourse ? verse-t-il des dividendes ? Si oui, quel pourcentage du résultat consolidé les dividendes représentent-ils ?

▸ Exemple

À partir du tableau de flux de trésorerie du Groupe RC, il est possible d'en commenter succinctement la stratégie mise en œuvre.

En M€	N–2	N–1	N
Chiffre d'affaires du Groupe	1 050,7	1 094,9	1 127,0
Résultat net de l'exercice	102,5	190,2	148,1

Tableaux des flux de trésorerie consolidés du Groupe RC

En M€	N–2	N–1	N
Résultat opérationnel courant	178,4	226,1	236,8
Réintégration de la charge d'amortissement et de dépréciation des immobilisations	18,8	20,4	21,6
Réintégration de la charge sur paiement en actions	1,7	1,8	2,7
Dividendes reçus des entreprises associées	0,7	0,4	0,5
Résultat brut d'exploitation	**199,6**	**248,6**	**261,5**
Variation des stocks	(6,2)	(25,9)	(33,0)
Variation des créances clients	20,9	4,0	3,5
Variation des dettes fournisseurs	(26,0)	18,2	16,4
Variation des autres créances et dettes d'exploitation	(31,1)	(31,5)	5,7
Variation du besoin en fonds de roulement	(42,4)	(35,3)	(7,4)
Flux nets de trésorerie sur éléments opérationnels	**157,2**	**213,3**	**254,1**
Flux nets sur autres produits et charges opérationnels	(0,2)	(3,9)	(1,1)
Flux nets sur résultat financier	(22,9)	(22,5)	(12,0)
Flux nets sur impôts	(29,9)	(56,4)	(52,4)

En M€	N-2	N-1	N
Autres flux d'exploitation	(53,0)	(78,7)	(69,6)
Flux nets de trésorerie d'exploitation	**104,2**	**134,6**	**184,5**
Décaissements sur investissements industriels et administratifs courants	(30,8)	(36,9)	(33,6)
Décaissements sur acquisitions de titres et d'activités	(0,7)	(48,1)	–
Encaissements sur cessions	0,8	0,4	0,8
Encaissements sur cessions de titres	0,7	1,3	0,5
Encaissements (décaissements) sur autres inv.	0,7	(0,8)	0,5
Flux nets de trésorerie sur investissements	**(29,3)**	**(84,1)**	**(31,7)**
Actions auto-détenues	(0,9)	0,4	(26,9)
Augmentation de la dette financière	110,5	–	282,3
Remboursement de la dette financière	(143,8)	(287,5)	(0,1)
Dividendes versés aux actionnaires de la société mère	(72,8)	(13,0)	(24,7)
Flux nets de financement	**(107,0)**	**(17,8)**	**(51,6)**
Écarts de conversion sur la trésorerie et équivalents	**4,9**	**(1,6)**	**7,6**
Variation de la trésorerie et équivalents	**(27,2)**	**31,1**	**108,7**
Trésorerie et équivalents à l'ouv. de l'exercice	**74,1**	**46,9**	**78,0**
Trésorerie et équivalents à la clôture de l'exercice	**46,9**	**78,0**	**186,8**

Ratios de flux	N-2	N-1	N
EBITDA ou résultat brut d'exploitation en M€	199,6	248,6	261,5
Flux de trésorerie d'activité (FTA) en M€	104,2	134,6	184,5
Ratio de FTA/CA (%)	*9,92*	*12,29*	*16,37*
Flux de trésorerie d'investissement (FTI) M€	– 29,3	– 84,1	– 31,7
Flux de trésorerie disponibles (FTD) en M€	73,4	97,7	150,9
Ratio de FTD/CA (%)	*6,99*	*8,92*	*13,39*

L'analyse des flux d'activité témoigne d'une hausse très importante, légitimant probablement une hausse des marges, une réduction des coûts et une maîtrise de la variation du BFR. Le poids du FTA dans le CA à 16,37 %, révèle les marges du secteur (la moyenne est de 10 %). Les FTA couvrent les FTI, dévoilant un cash-flow disponible élevé pour la politique de financement. La trésorerie s'est considérablement améliorée sur l'exercice N, permettant au groupe de poursuivre une politique de rachat d'actions visant à mieux contrôler la géographie de son capital. ◂

LE + DE L'EXPERT

Selon la norme IAS 7, les flux de souscription doivent être dissociés des flux de remboursement.

10 Le *reporting* financier en normes IFRS

Mots-clés

Contrat de location • Contrôle • Groupe coté • Juste valeur • *Reporting* • *Reporting* financier • Structure *ad hoc*

1 La notion de *reporting*

Définitions

- Le *reporting* vient du verbe anglais *to report* qui signifie déclarer, annoncer, faire état de, rendre compte de, etc.
- Le *reporting* financier signifie qu'un dirigeant peut obtenir une information financière précise et pertinente qui rend compte du passé, qui sert d'outil analytique et de réflexion afin de prendre les meilleures décisions pour avancer dans le futur.

Le *reporting* peut être :

- Interne. Il fait référence à des informations stratégiques qui peuvent être quantitatives ou qualitatives et, dans la plupart des cas, non normées. Il prend la forme de tableaux de bord, d'outils de pilotage, de matrices internes, etc. déclinés bien souvent par le contrôle de gestion et peut être une adaptation d'outils standardisés comme le BSC (*Balanced Scorecard*).
- Externe. Il concerne une information synthétique à destination des parties prenantes : actionnaires, investisseurs, administration fiscale, créanciers divers, clients, etc. Cette information transite le plus souvent par la publication de documents officiels : rapports de gestion, documents de référence, rapports annuels, semestriels ou trimestriels, etc.

Ces documents reposent à la fois sur une information libre et sur une information codifiée, cryptée et réglementée.

▸ Exemple

Parmi les informations dites réglementées, figurent l'information comptable à travers la publication des états financiers mais aussi une documentation sur la gouvernance et les pratiques de responsabilité sociale et environnementale (RSE) : il s'agit alors d'un *reporting* intégré. ◂

Le *reporting* financier concerne uniquement les états financiers consolidés, c'est-à-dire, l'information externe publique et officielle, publiée à destination des parties prenantes mais avant tout à des investisseurs, et déclinée en normes IFRS pour les groupes cotés.

2 Les principales normes IFRS à maîtriser pour comprendre les comptes IFRS

A. La norme IFRS 10

La norme IFRS 10 introduit un modèle unique de consolidation basé sur la notion de contrôle. L'entité est consolidée si elle est contrôlée ou non à travers des droits de vote ou à travers d'autres accords contractuels. Ce contrôle est basé sur un investisseur qui :

- détient le pouvoir (aptitude à diriger les activités pertinentes de l'entité de manière unilatérale) sur cette autre entité ;
- est exposé à des droits ou à des rendements variables découlant de son rôle dans cette autre entité ;
- ou a la capacité d'utiliser son pouvoir sur cette autre entité pour influer sur le montant des rendements.

L'enjeu de la norme IFRS 10 concerne surtout les **structures *ad hoc*** :

- Une entité *ad hoc* doit être intégrée globalement par une autre entité si celle-ci dirige ses activités pertinentes, peu importe qu'elle ne soit pas exposée à la majorité des risques et des avantages provenant de l'entité *ad hoc*.
- À l'inverse, une entité *ad hoc* n'est pas intégrée globalement par une entité si celle-ci ne dispose pas du pouvoir sur elle, peu importe que cette entité soit exposée aux risques et aux avantages provenant de l'entité *ad hoc*.

Synthèse de l'IFRS 10

Contrôle : seule base pour l'identification de toutes les entités

Les droits de vote potentiels peuvent être considérés pour apprécier le contrôle, mais seulement s'ils sont « substantifs » (*substantive*)

Possibilité pour un investisseur de contrôler une autre entité avec moins de 50 % des droits de vote de l'autre entité

Instructions spécifiques d'application pour les relations mandant-mandataire

B. La norme IFRS 9

La norme IFRS 9 « *Financial Instruments* » contient trois points majeurs :

- le classement et évaluation des instruments financiers
- le provisionnement des risques de crédit ;
- l'amélioration des modèles de comptabilité de couverture.

Pour le classement, l'IFRS 9 ne distingue plus que deux critères :

- le test du *Business Model* (BM) de l'entreprise qui devient le critère prépondérant ;
- le test des caractéristiques de l'instrument (notamment des caractéristiques contractuelles de ses flux de trésorerie). Il s'agit de savoir si les revenus procurés par un actif sont SPPI ou ne le sont pas (SPPI : *Solely Payments of Principal and Interests*).

La classification des instruments financiers conditionne le mode d'évaluation entre coût amorti et juste valeur (*fair value*).

Classes de l'IFRS 9

	Titres détenus jusqu'à échéance	Titres disponibles à la vente	Autres modèles économiques
Cash-flows SPPI	Coût amorti	JV – OCI	JV – CR
Autres types de cash-flows	JV – CR	JV – CR	JV – CR

CR : compte de résultat ; JV : Juste valeur ou *Fair Value* ; OCI : *other comprehensive income* ; SPPI : *Solely Payments of Principal and Interests* (titres financiers procurant des cash-flows attendus conformes à un modèle de prêt classique, avec un intérêt simple et une échéance de remboursement).

▶ **Exemple**

Un titre de participation est classé dans les actifs financiers non courants. À la clôture de l'exercice, il est valorisé à la juste valeur et est recyclé dans les OCI (poste dans les capitaux propres, JV-OCI) alors qu'une part de SICAV non monétaire est évaluée à la juste valeur avec une contrepartie dans le compte de résultat (JV-CR). En revanche, une obligation à taux fixe détenue en portefeuille et gardée jusqu'à échéance sera évaluée au coût amorti. ◀

C. La norme IFRS 13

Définition

La **juste valeur** correspond au « prix qui serait reçu lors de la vente d'un actif, ou qui serait payé pour transférer une dette, dans le cadre d'une opération normale entre des intervenants de marché à la date d'évaluation ».

Méthode d'estimation de la juste valeur

Niveau 1	Les données utilisées sont des cours sur des marchés actifs, non ajustés, pour des actifs et passifs identiques. C'est le prix du marché.
Niveau 2	Les données utilisées sont des données indirectement observables. C'est le prix du modèle.
Niveau 3	Les données utilisées ne sont pas des données observables. On utilise l'approche par les flux de trésorerie actualisés.

D. La norme IFRS 16

Définition

Un **contrat de location** est un contrat, ou une partie d'un contrat, qui confère le droit d'utiliser un actif (l'actif sous-jacent) pour une période de temps en échange d'une contrepartie.

Cette norme est importante pour l'analyse financière dans la mesure où elle a un impact sur certains indicateurs utilisés dans la communication financière des groupes cotés, tels le *gearing* (↪ fiche 8), l'EBITDA (↪ fiche 8), le ROCE (↪ fiche 10) ou la rotation des actifs (*asset turnover*).

- Point positif : la norme IFRS 16 devrait permettre de renforcer la comparabilité de la performance financière.

- Point négatif : la norme IFRS 16 pourrait influer sur les covenants bancaires, sur la notation des groupes par les agences de *rating* (↪ fiche 15) et sur le coût du crédit.

Synthèse de l'IFRS 16 (source : www.ey.com)

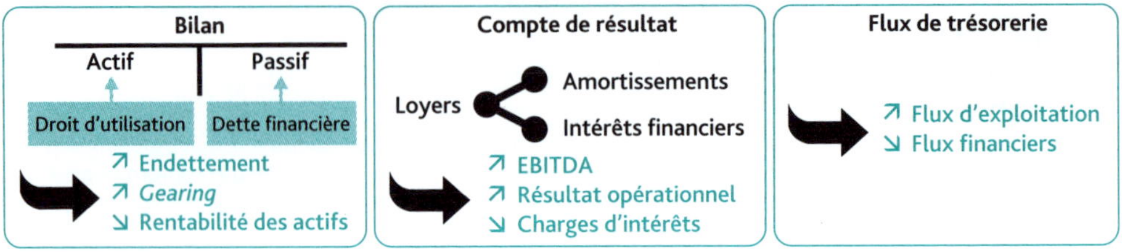

La norme IFRS 16 impose que tous les contrats de location à plus d'un an soient enregistrés à l'actif du bilan avec une dette en contrepartie. Ce changement risque d'avoir un fort impact sur l'analyse financière.

▶ Exemple

Extrait du document de référence 2021 de Danone (p. 77)

Les indicateurs-clés revus et utilisés en interne par les principaux décideurs opérationnels pour évaluer la performance des secteurs opérationnels sont :
– le chiffre d'affaires ;
– le résultat opérationnel courant ;
– la marge opérationnelle courante.
Seuls ces indicateurs font l'objet d'un suivi par Pôle, les autres indicateurs clés revus et utilisés en interne par les princpaux décideurs opérationnels faisant l'objet d'un suivi au niveau du Groupe.

Indicateurs financiers, non définis par les normes IFRS, utilisés par Danone (document de référence, p. 57)

- Variations en données comparables du chiffre d'affaires, du ROC et de la marge opérationnelle courante reflètent la performance organique de Danone.
- Résultat opérationnel courant.
- Marge opérationnelle courante.
- Impôts sur bénéfices non courants.
- Taux d'imposition effectif courant.
- Résultat non courant des sociétés mises en équivalence.
- Résultat net courant.
- Le BNPA courant.
- *Free cash flow*.
- Le BNPA courant ajusté au coût du carbone.
- Dette financière nette. ◀

LE ✚ DE L'EXPERT

Le nouveau retraitement des actifs lié à la norme IFRS 16 est significatif pour les grands groupes, au premier rang desquels les compagnies aériennes (flotte d'avions en location).

11 La gouvernance d'entreprise : notions et bases théoriques

Mots-clés

Création de valeur • Gouvernance • Loi Pacte • Théorie de l'agence • Théorie des parties prenantes

1 La notion de gouvernance

Définition

La gouvernance des entreprises vise à expliquer la performance organisationnelle en fonction des systèmes qui encadrent et contraignent les décisions des dirigeants (Charreaux, 1997).

Si les dirigeants ne détiennent pas des titres de leur entreprise, ils ne sont pas incités à maximiser la performance de l'entreprise, et par conséquent la richesse des actionnaires. Des divergences d'intérêts surviennent. Pour remédier à ce problème, il est nécessaire de mettre en place des mécanismes qui permettent d'aligner les intérêts de chacun afin que les actionnaires puissent gouverner les dirigeants.

Mais le mot « gouvernance » recoupe des domaines aussi variés que la politique, le droit, l'économie, la sociologie, la vie des affaires. Dans le domaine des sciences de gestion en général et de la finance en particulier, la gouvernance d'entreprise ou le gouvernement d'entreprise relève de la traduction anglo-saxonne du terme *corporate governance*.

Quatre thèmes concernent de manière très concrète ce domaine de la gouvernance :

- la structure juridique et opérationnelle des entreprises ;
- la stratégie et la gestion des risques ;
- les comités d'audit et les procédures de contrôle ;
- le *reporting* et la communication financière.

2 Les principaux courants théoriques

A. La théorie de l'agence

Il existe des conflits d'intérêts entre les actionnaires, les créanciers et les dirigeants car les décisions managériales qui augmentent la richesse de l'un de ces groupes diminuent celle des autres. Selon la théorie de l'agence, l'endettement stimule les dirigeants (respect des échéances de la dette d'où impact sur la gestion et la rentabilité).

À l'origine, Jensen et Meckling (1976) ont utilisé le cadre de la théorie de l'agence pour fournir une analyse positive des effets du conflit d'intérêts entre les actionnaires, les créanciers et les dirigeants sur les décisions de financement et d'investissement de la firme. Quant à la théorie positive de l'agence, elle est perçue comme l'ensemble des mécanismes permettant de réduire les coûts d'agence résultant des conflits entre actionnaires et dirigeants.

▶ Exemple

Le conseil d'administration est une illustration du mécanisme permettant de réduire les coûts d'agence. ◀

B. La théorie des parties prenantes

L'entreprise n'agit pas seule dans son environnement. Elle agit dans un système interpénétrant marqué par une interconnectivité forte avec les réseaux existants. Selon la théorie des parties prenantes, l'entreprise doit développer des partenariats et toute création de valeur doit se faire à des fins partenariales. Comme les partenaires ont des attentes distinctes vis-à-vis de l'entreprise et disposent d'informations propres, se pose rapidement le problème de la mesure de création de valeur et des indicateurs associés.

Synthèse de principaux courants idéologiques (d'après Trébucq, 2005)

	Théorie de l'agence	Théorie de l'intendance	Théorie des parties prenantes
Courant idéologique	Libéralisme Approche matérialiste	Altruisme, éthique, confiance	Socialisme
Discipline mère	Finance	Sociologie	Stratégie
Principaux auteurs Articles de référence Décennies de référence	Jensen et Meckling (1976) Années 1970 et 1980	Donaldson et Davis (1989) Années 1980 et 1990	• Freeman et Reed (1983) • Années 1990 et 2000
Objectif	• Création de valeur pour les actionnaires • Maximisation de la richesse de l'actionnaire • Nécessiter de contrôler le dirigeant	• Création de valeur pour les actionnaires • Interrogation sur les motivations du dirigeant	• Satisfaction à long terme • Survie de l'entreprise qui doit servir l'intérêt de la société tout entière (condition de performance)
Valeurs individuelles	Opportunisme	Sens du devoir	Morales
Motivations	• Intérêt financier et personnel de l'individu • Non- prise en considération de l'intérêt collectif	• Accomplissement de soi • Intérêt général de l'individu	• Intérêt personnel éclairé • Intérêt général de l'individu
Modes de gouvernance	Contrôle	Autonomie et confiance	Prise de conscience

	Théorie de l'agence	Théorie de l'intendance	Théorie des parties prenantes
Acteurs analysés	• Dirigeants • Actionnaires	Dirigeants	• Dirigeants • Parties prenantes
Acteurs prioritaires	Actionnaires : sources de financement prioritaires	Dirigeants	Parties prenantes (mal définies)
Unité d'analyse	Contrat	Contrat/engagement moral	Contrat/relations/contrat social
Propriété de l'entreprise	Actionnaires	Actionnaires	Parties prenantes
Critère de gestion	• Efficacité/rendement • Déséquilibre entre les parties prenantes • Absence d'équité • Séparation entre propriété et décision	Efficacité/rendement	• Équité/justice distributive • Rééquilibrage entre les parties prenantes
Nature du marché	Parfaite	Parfaite	Imparfaite
Mécanisme régulateur	• Marché • OPA	Marché/législateur	Législateur

Le développement de la gouvernance partenariale est limité à ce jour pour au moins trois raisons :

- Tout d'abord, la vision plurale étant illimitée par définition, il est impossible de partager de manière équitable les intérêts de chacun en l'absence d'indicateur ou de mesure unique, comme celui permettant de calculer la valeur actionnariale.
- Ensuite, cette approche n'est en réalité qu'un sous-domaine d'étude de la vision actionnariale. En effet, l'objectif unique de l'entreprise est et sera de créer de la richesse que chaque partie prenante se partage par la suite. Sans richesse initiale, aucun partage ne peut avoir lieu.
- Enfin, cette approche propose une démarche plutôt éthique, orientée RSE (↳ fiche 13). En positionnant l'entreprise sur un terrain idéologique, on s'écarte de la finalité première : la raison économique. C'est pourtant ce qui se passe avec la **loi Pacte** et la modification de l'objet social de l'entreprise.

LE + DE L'EXPERT

En finance, on oppose traditionnellement la gouvernance partenariale et la gouvernance actionnariale.

12 La gouvernance d'entreprise : cadre réglementaire et normatif

Mots-clés

Code Afep-Medef • Code MiddleNext • Loi Copé-Zimmermann • HCGE • Rapport Bouton • Rapports Viénot

1 Les rapports officiels et les lois

A. Les rapports Viénot 1 (1995) et 2 (1999)

Rapport Viénot 1	Rapport Viénot 2
Missions et les attributions du conseil d'administration (CA)	
• Définition de la stratégie d'entreprise • Désignation des mandataires sociaux • Contrôle de la gestion • Production d'une information de qualité aux actionnaires et aux marchés financiers	*Idem* Viénot 1
Composition du conseil d'administration (CA)	
Le rapport aborde la question de la dissociation de la fonction du président du CA et de directeur général sans l'imposer. Le thème de l'indépendance des administrateurs est abordé (définition et proportion d'administrateurs indépendants au sein d'un CA).	Ce second rapport insiste plus fortement sur la dissociation des fonctions de président et de directeur général pour être en conformité avec les pratiques internationales.
Fonctionnement du conseil d'administration (CA)	
Sont évoquées les règles de fonctionnement (durée de réunions, périodicité, etc.) et la nécessité de créer des comités de spécialité : un comité de sélection chargé d'identifier le suppléant de la direction actuelle si nécessaire, un comité de rémunération qui définit le montant et la manière de rémunérer le président du CA et DG sur la répartition de la partie fixe et de la partie variable se prononce de leur salaire, un comité d'audit qui s'intéresse aux règles comptables appliquées et aux procédures de contrôle interne.	Le rapport limite le cumul des mandats à cinq, et la durée du mandat à quatre ans. Il insiste sur l'accès à l'information des administrateurs et sur leur indépendance.
Rémunérations	
Création du comité de rémunération	Le rapport fixe les règles de répartition des jetons de présence, les rémunérations des dirigeants et des administrateurs.

B. Le rapport Bouton (2002)

Le rapport Bouton de 2002 :
- renforce le rôle et les méthodes de travail du conseil d'administration et recommande l'élaboration d'un règlement intérieur ;
- conforte l'indépendance des commissaires aux comptes (avec un renforcement du comité d'audit interne) ;
- recommande de dévoiler et de clarifier l'information sur les risques significatifs (industriels, écologiques, financiers, etc.) encourus par les entreprises ainsi que sur les engagements hors bilan.

C. La loi Copé-Zimmermann (2011)

La loi Copé-Zimmermann de 2011 concerne la représentation équilibrée des femmes et des hommes au sein des conseils d'administration et de surveillance. La proportion d'administrateurs de chaque sexe ne peut être inférieure à 40 % dans les sociétés :
- dont les actions sont admises aux négociations sur un marché réglementé,
- qui emploient un nombre moyen d'au moins 500 salariés permanents,
- et présentent un montant net de chiffre d'affaires ou un total de bilan d'au moins 50 millions d'euros.

Lorsque le CA est composé au plus de huit membres, l'écart entre le nombre des administrateurs de chaque sexe ne peut être supérieur à deux.

2 Les codes de bonne conduite

A. Le code Afep-Medef (juin 2013)

Principaux points traités par le code Afep-Medef

Say-on-Pay	Consultation et vote des actionnaires sur la rémunération des dirigeants mandataires sociaux. Il s'agit en réalité d'un vote *ex post* et non pas *ex* ante sur la politique de l'exercice en cours.
Indemnités de prise de fonctions	Prime de bienvenue (« *golden hello* ») versée à un dirigeant ne peuvent être accordées qu'à un nouveau dirigeant mandataire social venant d'une société extérieure au groupe ; son montant doit être rendu public au moment de sa fixation.
Indemnités de non-concurrence	Liberté du CA d'octroyer ou non cette autorisation de non-concurrence lors du départ du dirigeant.
Indemnités de départ (parachute dorée)	Deux ans de rémunération maximum (fixe + variable).
Cumul des mandats	Limite de quatre autres mandats par administrateur dans des sociétés cotées extérieures au groupe, y compris étrangères. Un dirigeant mandataire social ne doit pas exercer plus de deux autres mandats d'administrateur dans des sociétés cotées extérieures à son groupe, y compris étrangères.

Comités spécialisés (audit, rémunérations, etc.)	Règlement précisant leurs attributions et leurs modalités de fonctionnement. Le PDG ne peut présider le comité des nominations et le comité des rémunérations doit être présidé par un administrateur indépendant.
Comply or Explain	Explication claire, détaillée et pertinente à fournir par les sociétés si elles souhaitent s'écarter des règles prescrites, et d'indiquer les mesures alternatives adoptées.

B. Le code MiddleNext (2009 et 2016)

Le code MiddleNext pour les PME propose une gouvernance flexible. La version de 2016 s'est enrichie grâce aux apports des dirigeants qui s'y réfèrent, ainsi qu'aux réflexions croisées de l'ensemble de l'écosystème des entreprises moyennes.

C. Le code Afep-Medef de 2018

Ce code recommande que :

- le CA s'attache à promouvoir la création de valeur sur le long terme en considérant les enjeux sociaux et environnementaux. L'importance des enjeux de RSE justifie que le code recommande l'intégration d'un ou plusieurs critères de RSE dans la rémunération variable des dirigeants ;
- le conseil s'assure de la mise en place d'un dispositif de prévention et de détection de la corruption et du trafic d'influence et reçoit à cette fin toutes les informations nécessaires pour accomplir sa missions ;
- le Haut Comité de gouvernement d'entreprise (HCGE) soit composé de neuf membres pour assurer un meilleur équilibre femmes/hommes. Le Haut Comité se voit doté de la possibilité de recourir au « *name and shame* ». Ainsi, si une société ne répond pas dans un délai de deux mois à une lettre du Haut Comité, elle s'expose à ce que le contenu de cette lettre soit rendu publics ;
- le CA s'assure que les dirigeants mettent en œuvre une politique en matière de non-discrimination et de diversité, une représentation plus équilibrée des femmes et des hommes au sein des instances dirigeantes, et au niveau des comités exécutifs et de direction ;
- la conclusion d'un accord de non-concurrence au moment du départ du dirigeant soit exclue. Pour les clauses préexistantes, l'indemnité ne saurait être versée en cas de départ à la retraite et au-delà d'une limite d'âge que le code fixe à 65 ans. L'attribution d'avantages ou de rémunérations destinés à constituer un régime de retraite supplémentaire doit être soumise à des conditions de performances ;
- un dialogue direct s'instaure avec les membres du CA sur les sujets de gouvernance ;
- en cas de situation de conflit d'intérêts, l'administrateur concerné, qui devait déjà s'abstenir de participer au vote de la délibération correspondante, s'abstienne d'assister au débats ;
- le rapport sur le gouvernement d'entreprise rende compte du taux de participation de chaque administrateur aux séances du conseil et aux réunions des comités. La société doit préciser les raisons pour lesquelles sa candidature est proposée à l'assemblée générale. Une présentation standardisée des informations sur le CA (composition, indépendance, assiduité) doit être fournie en annexe.

D. Le code AFEP-Medef de janvier 2020 (révisé)

La nouvelle mouture du Code AFEP-MEDEF 2020 propose la création d'un nouvel article concernant la « politique de mixité femmes/hommes au sein des instances dirigeantes ». L'art 7.1 crée un mécanisme en deux temps, mêlant direction exécutive et conseil :

- Dans un premier temps, et « sur proposition de la direction générale », le conseil va devoir fixer des objectifs de mixité au sein des « instances dirigeantes ».
- Puis, dans un second temps, la « direction générale » informe le conseil des modalités de mise en œuvre des objectifs, incluant un plan d'action et un « horizon de temps » dans lequel les objectifs devraient être remplis.

Si la loi Copé-Zimmerman et le Code de commerce (L. 225-18-1 et L. 225-69-1 C. com.) visent la féminisation des conseils, d'administration ou de surveillance, le Code AFEP-MEDEF concerne quant à lui la féminisation des « instances dirigeantes ». Il s'agit là d'un nouveau vocable, s'ajoutant aux « dirigeants mandataires sociaux exécutifs » (la direction générale ou les membres du directoire dans une SA, le gérant dans une SCA), aux « dirigeants mandataires sociaux non exécutifs » (président du conseil de surveillance et président dissocié du conseil d'administration) et aux « dirigeants mandataires sociaux » (constitués des deux catégories précédentes).

Une fois la politique de mixité dans les instances dirigeantes fixée, le Code AFEP-MEDEF recommande au conseil de la décrire dans le rapport sur le gouvernement d'entreprise ainsi que ses objectifs et modalités de mise en œuvre, les résultats obtenus lors de l'exercice clos, et éventuellement les raisons pour lesquelles les objectifs n'auraient pas été atteints et les mesures prises pour y remédier. La politique de mixité dans les instances dirigeantes doit donc faire l'objet d'une communication à l'assemblée générale ordinaire annuelle et, dans les sociétés cotées, d'une communication au marché (source : Matthieu Zolomian, CCI Paris).

Autre nouveauté : suite à la publication de la loi PACTE du 22 mai 2019 et de l'ordonnance sur la rémunération des mandataires sociaux des sociétés cotées du 27 novembre 2019, en particulier sur le calcul des ratios concernant les écarts entre la rémunération des dirigeants mandataires sociaux et celle des salariés, le code Afep-Medef va plus loin que la loi notamment concernant les holding qui n'ont peu ou pas de salariés, et recommande, dans cette situation, de prendre en compte au dénominateur, pour le calcul du ratio, un périmètre représentatif de la masse salariale ou des effectifs des sociétés françaises du groupe. À titre d'exemple, il mentionne qu'un périmètre incluant 80 % des effectifs en France peut être considéré comme significatif.

E. Le code MiddleNext 2021

La version 2021 de ce Code précise ou renforce des recommandations déjà existantes, en particulier, la formalisation d'une procédure de révélation des conflits d'intérêts, les règles déontologiques, l'analyse des votes des actionnaires minoritaires, les précisions sur les principes qui guident l'élaboration de la structure et des montants des rémunérations des dirigeants mandataires sociaux. Le Code formule trois nouvelles recommandations :

- sur la création d'un comité RSE,
- sur la nécessité pour les membres des conseils de se former très régulièrement,
- sur l'équité et le respect de l'équilibre femmes hommes à chaque niveau hiérarchique de l'entreprise.

▶ Exemple

Extrait du document de référence de Danone 2021, p. 219

Caractéristiques du conseil d'administration sous réserve de l'approbation par l'assemblée générale du 26 avril 2022 des renouvellements proposés

	Composition postérieure à l'assemblée générale tenue en :				
	2017	**2018**	**2019**	**2020**	**2021**
Taux de féminisation	43 %	43 %	43 %	43 %	45 %
Âge moyen des administrateurs	57,5 ans	57,6 ans	58,6 ans	60 ans	61 ans
Durée moyenne des mandats	7,2 ans	6,4 ans	7,4 ans	8,8 ans	7 ans
Taux d'administrateurs de nationalité étrangère	36 %	36 %	36 %	29 %	27 %
Taux d'indépendance[(a)]	57 %	57 %	57 %	64 %	73 %

(a) Depuis 2018, Danone applique de manière stricte l'ensemble des critères d'indépendance mentionnés par le code Afep-Medef, en particulier celui relatif à la durée des mandats.

On constate une augmentation du taux d'indépendance dans le groupe Danone depuis 2017. Ce taux dépasse même les exigences du code Afep-Medef. ◀

LE + DE L'EXPERT

Plus que le « *golden hello* », c'est surtout le « *golden parachute* » qui défraie la chronique. Il consiste à dédommager un dirigeant évincé à l'occasion de la prise de contrôle d'une société.

13 La RSE et les critères extra-financiers d'évaluation

Mots-clés

DPEF • Global Reporting Initiative • *Reporting* sociétal • RSE • *Stakeholder*

1 La responsabilité sociétale des entreprises (RSE)

Définition

Selon Igalens et Gond (2018), la notion de RSE s'efforce de rendre compte de l'exercice par les entreprises d'une responsabilité vis-à-vis des différents groupes avec lesquels elles interagissent – souvent désignés sous le terme de parties prenantes ou *stakeholders* – et qui se situent au-delà de leurs strictes obligations techniques, légales et économiques.

Les débats sur la pertinence et les contours de la RSE se développent à la suite de l'ouvrage de Bowen (1953) aux États-Unis. Dans les années 1960, la RSE est fondée sur l'idée que les « hommes d'affaires » doivent prendre des décisions au-delà de la sphère économique, technique ou légale. Cette approche sur le comportement moral du dirigeant est ensuite transposée à l'entreprise dans son ensemble. Elle constitue le courant du *business ethics*.

2 Les principaux courants théoriques de la RSE

Période	Conception	Orientation	Problématique
Années 1950-1960	Responsabilité sociétale de l'entreprise *Corporate Social Responsibility*	Orientation philosophique et normative	Discussion des frontières et du contenu de la RSE
Années 1970-1980	Sensibilité sociétale de l'entreprise *Corporate Social Responsiveness*	Orientation stratégique et pragmatique	Analyse des modes de réponse aux pressions sociétales
Années 1980-2000	Performance sociétale de l'entreprise *Corporate Social Performance*	Orientation intégrative et synthétique	Problème de l'impact de la RSE et sa mesure

Définition

Un *stakeholder* est un individu ou un groupe d'individus qui peut affecter ou être affecté par la réalisation des objectifs organisationnels (Freeman, 1984).

Cette définition englobe les investisseurs, les salariés, les fournisseurs, les consommateurs, les distributeurs, la communauté locale et finalement la société dans son ensemble. Cette conception large et confuse ne facilite pas l'établissement de règles claires de management par les parties prenantes. En d'autres termes, n'importe qui peut revendiquer un intérêt dans une organisation. Certains, comme Jensen (2002), affirment que cette conception est au service de l'opportunisme du dirigeant, celui-ci pouvant justifier ses mauvaises performances financières par la prise en compte des intérêts des parties prenantes et se dédouaner ainsi auprès de ses actionnaires.

3 L'institutionnalisation de la RSE

En 1999, Kofi Annan, secrétaire général de l'Organisation des Nations unies (ONU), appelle les dirigeants d'entreprise à s'engager sur les 10 principes du Pacte mondial (*Global Compact*) qui concernent les droits de l'homme, l'environnement, les normes internationales du travail et la lutte contre la corruption.

En 2001, la Commission européenne publie un Livre vert : « Promouvoir un cadre européen pour la responsabilité sociale des entreprises ». La RSE est définie comme « l'intégration volontaire des préoccupations sociales et écologiques des entreprises à leurs activités commerciales et à leurs parties prenantes. »

En novembre 2010, la norme ISO 26000 concerne les « lignes directives relatives à la responsabilité sociétale ». Elle a été construite selon une approche multi-parties déclinées en six catégories de parties prenantes : les consommateurs, les pouvoirs publics, l'industrie, les travailleurs, les ONG et les services (la recherche, le conseil et l'enseignement). Elle décline la manière dont les organisations peuvent et doivent contribuer au développement durable.

En 2011, les principes directeurs de l'OCDE (qui existent depuis 1976) ont été actualisés.

En 2015 les Nations unies adoptent les 17 Objectifs de développement durable (ODD) qui sont déclinés en 169 cibles. Ces cibles doivent être atteintes en 2030 et concernent le monde entier. Ces objectifs ont vocation à concrétiser les principes du Pacte mondial.

4 Le *reporting* RSE

A. La Global Reporting Initiative

La Global Reporting Initiative (GRI) a été créée aux États-Unis en 1997 par une organisation non gouvernementale (ONG). Depuis 2000, elle est devenue une initiative internationale à laquelle participent des entreprises, des ONG, des cabinets de consultants, des universités pour construire des règles de *reporting* sociétal.

Définition

Le *reporting* sociétal consiste à mesurer la performance d'une organisation en matière de développement durable, à en communiquer les résultats puis à en rendre compte aux parties prenantes internes et externes.

Ce *reporting* sociétal peut prendre différentes formes non exclusives les unes des autres. Principalement, ce sont :

- une partie du site Internet institutionnel ;
- le rapport annuel de gestion qui peut contenir des informations sociales et environnementales ;
- un rapport spécifique et distinct du rapport annuel de gestion

La GRI propose un cadre complet pour l'établissement de rapports sur la performance en matière de développement durable. La norme GRI en vigueur se nomme G4. Largement utilisé dans le monde, ce cadre vise à une plus grande transparence. Avec les lignes directrices qui y sont associées, le cadre GRI pour le *reporting* développement durable énonce les principes et les indicateurs que les organisations peuvent utiliser pour rendre compte de leurs performances économiques, environnementales et sociales.

B. La déclaration de performance extra-financière

En France, la déclaration de performance extra-financière (DPEF) remplace le dispositif dit « Grenelle 2 » de 2010 et son décret de 2012 (informations RSE). L'objectif est de la DPEF est d'aboutir à une déclaration, plus proactive et sur-mesure (cela concerne les sociétés de plus de 500 salariés).

La DPEF contient notamment :

- les informations sur la manière dont la société prend en compte les conséquences sociales de son activité ;
- les informations sur la manière dont la société prend en compte les conséquences environnementales de son activité ;
- et pour les entités cotées sur un marché réglementé (et assimilées) :
  - les effets de cette activité quant au respect des droits de l'homme ;
  - les effets de cette activité quant à la lutte contre la corruption.

Le contenu de la DPEF comprend également des informations relatives :

- aux conséquences sur le changement climatique de l'activité de la société et de l'usage des biens et services qu'elle produit ;
- à ses engagements sociétaux en faveur du développement durable, de l'économie circulaire et de la lutte contre le gaspillage alimentaire ;
- aux accords collectifs conclus dans l'entreprise et à leurs impacts sur la performance économique de l'entreprise ainsi que sur les conditions de travail des salariés ;
- aux actions visant à lutter contre les discriminations et promouvoir les diversités.

C. Le règlement Taxonomie européenne

Le Règlement européen 2020/852 (dit Règlement « Taxonomie », *i.e.* du Règlement délégué Climat du 4 juin 2021 et de l'acte délégué du 6 juillet 2021) impose l'établissement d'un cadre visant à favoriser les investissements durables au sein de l'Union européenne (UE), Les sociétés cotées doivent publier, pour l'exercice 2021 sur l'ensemble du périmètre de consolidation, des indicateurs de performance mettant en évidence la part du chiffre d'affaires net, des investissements (« CAPEX ») et des dépenses d'exploitation (« OPEX ») éligibles résultant de produits et/ou services associés à des activités économiques considérées comme durables au sens de ce Règlement au titre de deux objectifs climatiques : l'atténuation du changement climatique et l'adaptation au changement climatique.

Selon le rapport de l'AMF de Décembre 2021 « *Panorama financier et extra-financier du reporting carbone des entreprises* » concernant les engagements de neutralité carbone des entreprises, les termes utilisés ne recouvrent pas la même réalité (exemple : séquestration ; émissions négatives, émissions évitées, etc.). Certaines entreprises font référence à tous les GES (*Gaz à Effets de Serre*), d'autres uniquement au CO2. Certaines parlent de « zéro émissions nettes », d'autres parlent de « neutralité CO2 ». Dans la majorité des cas, la neutralité carbone passe pas la réduction des émissions et par la compensation des émissions résiduelles, même si aucune ne précise le niveau brut visé en 2050 et que le mot « compensation » n'est pas défini.

Aussi le périmètre opérationnel, source d'émission de GES, reste difficile à apprécier pour le *reporting* groupe, qui se décline en :

- scope 1 : émissions directes de GES (à partir du 01/01/2022)
- scope 2 : émissions indirectes de GES (à partir du 01/01/2022)
- scope 3 : toutes les émissions aval et amont (à partir du 01/07/2022)

14 La mesure financière de la création de valeur

Mots-clés

CFROI • Création de valeur • EVA • MVA • Performance économique

1 Les critères économiques de mesure de la création de valeur

La mesure de la création de valeur désigne les calculs financiers axés sur la performance économique de la firme visant à comparer la richesse créée par une firme et le montant des capitaux investis nécessaires à son obtention.

Définition

La création de valeur résulte de la capacité d'une entité à obtenir une rémunération supérieure au coût des ressources financières utilisées pour son développement.

A. Le CFROI (*Cash-flow return on investment*)

Le principe du modèle

La méthode du CFROI (Credit Suisse HOLT) s'apparente à celle du taux de rentabilité interne. On cherche le taux d'actualisation permettant de résoudre l'égalité suivante :

$$AEB = \sum_{t=1}^{n} \frac{CFB_t}{(1 + CFROI)^t} + \frac{VR}{(1 + CFROI)^n}$$

Avec :
AEB, le montant des actifs économiques bruts investis dans les projets industriels et corrigés de l'inflation ;
CFB, la somme des cash-flows annuels (corrigés de l'inflation) revenants aux bailleurs de fonds de la firme ;
VR, la valeur résiduelle des actifs, constituée par la valeur brute des actifs non amortissables ;
et n la période retenue (calculée par le rapport Valeur brute des immobilisations / Dotation annuelle aux amortissements).

Il y a création de valeur si le CFROI excède le CMPC (et destruction de valeur, dans le cas contraire).

La mise en œuvre du modèle

Bien que les calculs ne soient pas explicités précisément par leur concepteur (marque déposée), le calcul du CFROI reprend les éléments suivants :

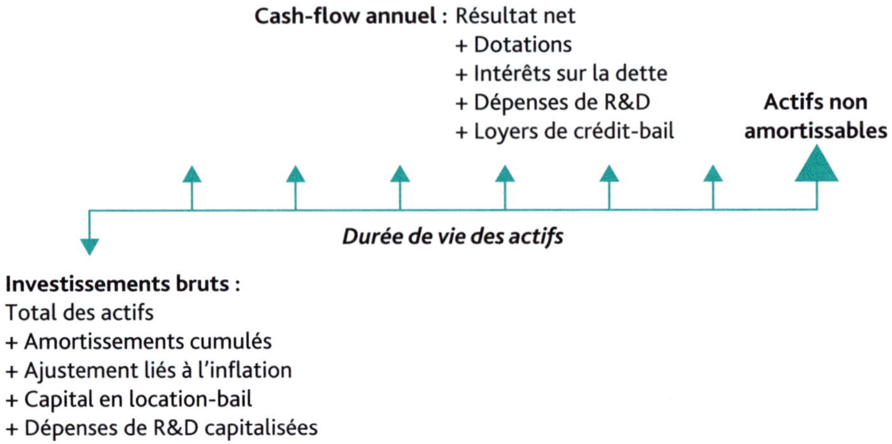

Les cash-flows bruts (CFB) sous-jacents au calcul du CFROI sont supposés être constants sur la durée de vie des immobilisations.

B. L'EVA (*Economic Value Added*)

La méthode de l'EVA cherche à montrer que, pour créer de la valeur, un bénéfice positif seul n'est pas suffisant : l'entreprise doit couvrir le coût du capital. Soit :

(Résultat opérationnel après impôt) – (Rémunération des capitaux employés)

$EVA = RO(1 - T) - CMPC \times CE$

Ou encore :

$EVA = (ROI - CMPC) \times CE$ *avec* $ROI = RO(1 - T) / CE$ *(rentabilité des capitaux employés)*

Les capitaux employés sont constitués des fonds propres et de l'endettement financier.

Il y aura donc création de valeur si l'EVA est strictement positive.

Le calcul de l'EVA nécessite de nombreux retraitements relatifs au résultat opérationnel après impôt (que les auteurs appellent *Net operating profit after taxes*, NOPAT) ainsi qu'aux capitaux employés.

2 Les critères boursiers de mesure de la création de valeur

Il s'agit des mesures financières fondées sur la valorisation des fonds propres sur le marché ou sur les flux perçus par les actionnaires.

A. Le *Market-to-book ratio* (M/B)

Ce critère compare le cours boursier (*market value*, MV) des actions à leur valeur comptable (*book value*, BV) :

$$M/B = \frac{MV}{BV}$$

- Calcul et appréciation de la MV. La valeur de marché est représentée par la capitalisation boursière (si la société n'est pas cotée, actualisation des flux de trésorerie disponibles ou des dividendes). C'est une indication de la valeur découlant des potentialités présentes et futures de l'entreprise.
- Calcul et appréciation de la BV. Ce sont les fonds propres (ou situation nette comptable) éventuellement ajustés (dépenses R&D, etc.) afin d'obtenir une valeur comptable plus économique. C'est une estimation de la valeur sanctionnant la stratégie passée. La valeur comptable des fonds propres corrigés est censée donner une estimation du cumul des ressources investies dans le passé par les actionnaires.

Plus M/B est élevé, plus la firme est supposée créer de la valeur pour les actionnaires.

B. Le TSR (*Total Shareholder Return*)

Le fondement du modèle

Le modèle repose sur la relation fondamentale selon laquelle le prix actuel P_0 d'une action est égal à la valeur actualisée des liquidités attendues de la détention d'une action (gain en capital + dividendes) sur une période donnée.

Si l'on appelle i le taux de rentabilité attendu par actionnaire, D_t le dividende de l'année t et P_n le prix du titre à la fin de l'année n, on a alors :

$$P_0 = \sum_{t=1}^{n} \frac{D_t}{(1+i)^t} + \frac{P_n}{(1+i)^n}$$

On reprend ensuite cette relation fondamentale avec $i = TSR$, soit :

$$P_0 = \sum_{t=1}^{n} \frac{D_t}{(1+TSR)^t} + \frac{P_n}{(1+TSR)^n}$$

Cette approche permet de calculer un *TSR* défini comme un taux de rentabilité interne (*TRI*) d'un investissement financier sur une plus longue période (ex. : le *Wall Street Journal* publie des *TSR* sur 1, 5 et 10 ans pour les sociétés cotées).

La mise en œuvre du TSR

Généralement, on procède au calcul du TSR en termes de capitalisation, en supposant que, sur une période donnée (généralement 5 ou 10 ans), les flux intermédiaires (dividendes nets) sont réinvestis en fractions d'actions.

Les critères de décision

Le TSR permet de mesurer le taux de rentabilité réel obtenu par un actionnaire à partir de l'évolution du cours de l'action et du dividende perçu. Une fois calculé, on peut comparer ce TSR avec la rentabilité attendue par les actionnaires.

▶ **Exemple**

Extrait du document de référence de L'Oréal, 2021, page 395

Date d'opération	Nature de l'opération	Investissements *(en euros)*	Revenus *(en euros)*	Nb d'actions après l'opération
31.12.2016	Achat de 87 actions à 173,40 €	15 085,80		87
03.05.2017	Dividende : 2,30 € par action		287,10	87
	Ré-investissement : achat de 2 actions à 184,55 €	369,10		89
27.04.2018	Dividende : 3,55 € par action		315,95	89
	Ré-investissement : achat de 2 actions à 196,90 €	393,80		91
30.04.2019	Dividende : 3,85 € par action		350,35	91
	Ré-investissement : achat de 2 actions à 245,10 €	490,20		93
07.07.2020	Dividende : 3,85 € par action		358,05	93
	Ré-investissement : achat de 2 actions à 288,30 €	576,60		95
29.04.2021	Dividende : 4,00 € par action		380,00	95
	Ré-investissement : achat de 2 actions à 343,10 €	686,20		97
TOTAL		17 601,70	1 691,45	
MONTANT NET TOTAL INVESTI		15 910,25		

Valeur du portefeuille au 31 décembre 2021 (97 titres à 416,95 €, cours au 31 décembre 2021) : 44 444,15 €. Le capital initial a donc été multiplié par 2,7 en 5 ans (inflation cumulée sur 5 ans : 5,47 % – source INSEE) et le capital final représente 2,5 fois le montant net total investi.
Le taux de rendement actuariel de l'investissement ressort à 21,0 % par an (en supposant la revente des titres au cours du 31 décembre 2021, hors impôt sur la plus-value de cession).
NOTA : Il n'est pas tenu compte de l'éventuel impôt sur le revenu payé par l'investisseur au titre des dividendes successifs. ◀

C. La MVA (*Market Value Added*)

Le principe du critère

La MVA est la somme des flux futurs d'EVA actualisés au coût du capital. Elle peut être considérée comme la valeur actuelle nette de tous les investissements de l'entreprise. Si l'on appelle *i* le coût du capital, on a :

$$MVA = \sum_{t=1}^{n} \frac{EVA_t}{(1+i)^t}$$

La mise en œuvre du modèle

Lorsque le marché est efficient, la somme des revenus attendus des projets est une information qui est répercutée dans le cours des actions d'une firme.

On peut donc considérer que la MVA représente la différence entre valeur boursière des capitaux investis et valeur comptable des capitaux investis.

$$MVA = V_B CI - V_C CE$$

avec : V_B la valeur boursière, V_C la valeur comptable et *CE* les capitaux employés.

Comme $CE = CP$ (capitaux propres) $+ D$ (endettement financier), on a aussi :

$$MVA = V_B(CP+D) - V_C(CP+D)$$

Très souvent, la valeur de marché de l'endettement est égale à sa valeur comptable. Par conséquent, la relation précédente devient :

$$MVA = V_B(CP) - V_C(CP)$$

Les critères de décision

La MVA permet de relier le critère d'EVA au marché : lorsque la MVA est positive, on peut en déduire que le marché anticipe une création de valeur supérieure au coût du capital engagé.

LE + DE L'EXPERT

Les modèles EVA et MVA ont été proposés par le cabinet Stern & Stewart au début des années 1990.

15 Les notations financière et extra-financière

Mots-clés

Mise sous surveillance • Notation externe • Notation extra-financière • Risque de défaut

1 La notation financière

Définition

La notation externe (ou *rating*) consiste à attribuer une note à une émission de titres de créances ou à une structure. La note permet d'obtenir de façon rapide des informations sur le risque de non-remboursement de l'émetteur (*qualité de la signature*) et d'avoir une vision rapide et synthétique du risque de défaillance de l'entreprise notée.

Trois agences se partagent 95 % des demandes de notations dans le monde. Ce sont Moody's, Standard & Poor's Rating Services et Fitch Ratings. Les autres agences de notation financière sont spécialisées sur certains marchés, par exemple *Dagong,* ICRA (*Investment Information and Credit Rating Agency of India*), *MicroRate* (notation de micro-crédits), etc.

A. Les éléments caractérisant la notation

L'appréciation du risque de défaut d'un émetteur se traduit par :

- l'établissement d'une note ;
- la publication de « perspectives » (évolution probable à moyen terme des notations) ;
- la publication d'une « liste de surveillance » (notations susceptibles d'être soumises à révision à brève échéance).

La note attribuée énonce la capacité d'un émetteur à respecter ses engagements (paiement des intérêts aux dates prévues et remboursement du capital emprunté à une date donnée).

La notation est établie en fonction d'une analyse financière qui détermine les moyens de remboursement d'une dette ou une capacité bénéficiaire récurrente, en fonction de techniques dites de *credit scoring.*

La décision finale de notation se traduit par la publication d'un communiqué de presse relativement synthétique.

B. Les particularités de la notation : les évolutions et mises sous surveillance

Définition

La mise sous surveillance (*watch*) est une situation dans laquelle une agence signale qu'elle est susceptible de modifier la notation d'un émetteur.

La notation peut être positive, négative ou sans précision particulière (ce qui est rare).

La perspective (*outlook*) indique l'orientation de la notation. Lorsque les notes ne sont pas assorties de perspectives particulières, la perspective est dite *neutre*.

L'amélioration ou la dégradation de la solvabilité d'un émetteur sont sanctionnées respectivement par un rehaussement (*upgrade*) ou un abaissement (*downgrade*) de note.

2 Le processus de notation financière

A. Le rôle des agences de notation

Les apports de la notation peuvent être appréciés selon les acteurs concernés.

Intérêt de la notation financière

Investisseurs	Besoin d'information et d'indicateurs de risque	Analyse et jugement des risques de crédit
Émetteurs	Gage de qualité pour les émissions de titres qui facilite l'accès au marché	Obligation de respect des critères stricts des agences
Intermédiaires financiers	Élément essentiel dans le cadre d'opération complexes (ex. : financement structuré, titrisation)	
Marché financier	Besoin de sécurisation	Obligation dans certains cas (ex. : fonds communs de titrisation)

B. La typologie des notes attribuées

Exemple de notation pour les titres de dette à long terme

Moody's	S&P's	Commentaire
Aaa	AAA	Meilleure qualité, risque le plus faible. Capacité à faire face à ses obligations extrêmement forte sur le très long terme.
Aa	AA	Haute qualité. Très forte capacité à faire face aux obligations de paiement.
A	A	Catégorie supérieure des obligations de qualité moyenne. Capacité forte de l'emprunteur à faire face à ses obligations.
Baa	BBB	Qualité moyenne. Capacité satisfaisante à faire face à ses obligations.
Ba	BB	De nature spéculative. Capacité incertaine à terme de l'emprunteur à faire face à ses obligations.
B	B	Faible capacité de l'emprunteur à faire face à ses obligations.
Caa	CCC	Qualité médiocre. Danger quant au paiement des intérêts et au remboursement du capital.
Ca	CC	Hautement spéculatif. Proche de la défaillance
C	C	Proche du dépôt de bilan
	D	Faillite

- Les notations intermédiaires permettent des classifications plus fines. Les notes sont assorties d'un « + » ou « – », d'un « 1 » ou « 2 », etc. On trouve ainsi des notations du type AA+, A –, Aa2, etc.

Il existe deux grandes familles de notations :

– la catégorie « *Investissement* » ou « *High grade* » regroupe les notes comprises entre AAA et BBB ; la catégorie « *Speculative* » recouvre les notes inférieures.

Des échelles différentes existent pour les émetteurs autres que les émissions de titres classiques.

▶ Exemple

Fitch propose une notation des sociétés de gestion (M1 à M5) et des produits structurés (LS, *loss severity rating scale*). ◀

C. Les effets du processus de notation

Jadis instrument de mesure du risque de crédit (essentiellement quantitative), la notation a pris une orientation, plus qualitative, destinée à apprécier une équipe en termes :

– d'expertise (expérience et savoir-faire) ;
– de performances ;
– d'organisation (indépendance, contrôle interne, etc.) ;
– de cohérence dans les investissements.

La notation est devenue un label de qualité.

Au-delà de la sécurisation des investissements, la notation permet une meilleure appréciation du risque financier : les investisseurs arbitrent selon les risques encourus et les objectifs de rendement.

La notation est un des facteurs qui a favorisé l'introduction et le développement des obligations à haut rendement (*high yield bonds*).

▶ Exemple

Extrait du document de référence de BNP Paribas 2021, p. 5

	Notation long terme/court terme au 2 mars 2021	Notation long terme/court terme au 15 mars 2022	Perspective	Date de la dernière revue
Standard & Poor's	A+/A-1	A+/A-1	Stable	24 juin 2021
Fitch	AA–/F1+	AA–/F1+	Stable	23 septembre 2021
Moody's	Aa3/Prime-1	Aa3/Prime-1	Stable	4 décembre 2020
DBRS	AA (low)/R-1 (middle)	AA (low)/R-1 (middle)	Stable	29 juin 2021

Le 24 juin 2021, Standard & Poor's a confirmé la notation long terme de BNP Paribas à A+, avec une perspective stable. Le 23 septembre 2021, Fitch a confirmé la note long terme de AA-, et révisé la perspective de négative à stable. Le 4 décembre 2020, Moody's a confirmé la notation long terme de BNP Paribas à Aa3 avec une perspective stable. Le 17 juillet 2021, DBRS a confirmé la notation long terme de BNP Paribas à AA (low) avec une perspective stable.

3 La notation extra-financière

Définition

La **notation extra-financière** consiste à évaluer les politiques environnementales, sociales et de gouvernance (ESG) des entreprises, des États ou d'autres types d'émetteurs de titres (collectivités, organismes supranationaux, organisations parapubliques, etc.) et à établir, à partir de cette analyse, une notation permettant de comparer les pratiques ESG des différents émetteurs de titres cotés ou non cotés.

Cette notation est principalement fournie par les agences de notation extra-financière (Vigeo Eiris, BMJRatings, Sustainabilitics, etc.) mais aussi par des courtiers développant des équipes spécialisées comme Kepler Cheuvreux, Natixis, Oddo Securities, etc.

Ces agences ont pour finalité d'apprécier la politique de RSE mise en place par les entreprises. Initialement, cette appréciation a pris la forme soit d'une note soit d'un indice boursier. Ces analyses extra-financières s'appuient principalement sur des données publiques issues des entreprises mais aussi d'ONG, d'organismes gouvernementaux ou de syndicats.

▸ Exemple d'indice boursier

L'indice ASPI (*Advanced Sustainable Performance Indices*) Eurozone proposé par Vigeo Eiris est constitué de 120 valeurs boursières de la zone euro ayant obtenu cinq sur six critères ESG. ◂

A. Les principes de notation

Les agences de notation extra-financière prennent en compte les trois domaines ESG. Ils sont ensuite déclinés selon de multiples critères (accidents du travail, consommation d'énergie, émissions de gaz à effet de serre, etc.) et/ou normes (conventions internationales de l'OIT, principes du Pacte mondial des Nations unies, etc.).

Chaque critère est ensuite apprécié par une note en fonction des stratégies de l'entreprise, du déploiement de ces mesures, du *reporting* des actions effectuées et de la performance de ces actions mises en œuvre. La note globale permet de comparer les entreprises.

Le choix des critères et les systèmes de pondération entre les critères peuvent différer selon les secteurs d'activité (ex. : critère d'émissions de CO_2 d'une gamme de véhicules spécifique aux constructeurs automobiles). Les agences de notation extra-financière travaillent à partir de documents issus de sources diverses : les entreprises elles-mêmes (documents publics, questionnaires spécifiques, contacts téléphoniques et rencontres), les parties prenantes (ONG, syndicats, etc.) et les médias.

Chaque agence a développé sa propre méthodologie car il n'existe pas de référentiel standard de notation extra-financière. Toutefois, elles s'appuient sur l'ensemble des normes internationales pour proposer des critères de notation comparables.

En 2004, un standard volontaire européen portant sur la qualité et la transparence des méthodologies et des travaux réalisés par les agences de notation extra-financière a été mis en place. Ce standard, ARISTA 3.0, a été mis à jour en 2012.

B. Le marché de la notation extra-financière

Le marché de la notation extra-financière a beaucoup évolué en termes :

- De méthodologie : les modèles de notation tendent à s'homogénéiser.
- De concentration : par exemple, achat de GMI Ratings par *MSCI ESG Research* ou de *Morningstar* qui a acquis 40 % de *Sustainalytics,* etc.
- De compléments : les agences de notation généraliste proposent désormais de plus en plus de services annexes à la notation extra-financière tels que des services d'alertes en cas de controverses graves ou de conseil de vote lors des assemblées générales.
- De partenariats entre agences, permettant à certaines d'étendre leur compétence/ expertise (ex. : évaluation des émissions de CO_2 des émetteurs) et leur périmètre.

LE + DE L'EXPERT

Trois agences américaines, MSCI, ISS et Sustainalytics, dominent le marché de la notation extra-financière, lequel tend à devenir oligopolistique comme celui de la notation financière.

16 L'évaluation par les flux

Mots-clés

Actif • DCF • Méthode directe • Méthode indirecte • Valeur d'une action

1 La notion de flux

Définition

Un actif (entreprise, projet, action, obligation, actif immobilier, etc.) n'a de valeur que par la somme des flux de revenus futurs actualisés qu'il génère.

Il s'agit, ni plus ni moins, de l'application de la méthode de la VAN (valeur actuelle nette). Si l'on pose V, la valeur de l'actif, F*k* le flux de l'année *k*, VT la valeur terminale et *i* le taux d'actualisation approprié (taux de rémunération espéré), on a alors :

$$V = \sum_{k=1}^{n} F_k(1 + i)^{-k} + VT(1 + i)^{-n}$$

La valeur terminale résulte de la détermination d'un horizon limité de prévision.

2 Les méthodes d'évaluation des entreprises par les flux

Deux familles de méthodes d'évaluation par les flux existent :

- la méthode directe consistant à évaluer directement les capitaux propres de l'entreprise. Il s'agit de la méthode d'actualisation par les dividendes ;
- la méthode indirecte consistant à évaluer économiquement l'entreprise. Il faut ensuite retrancher de cette valeur économique, l'endettement net. Il s'agit de la méthode d'actualisation par les flux de trésorerie disponibles.

A. Les modèles d'actualisation des dividendes

La valeur des fonds propres de l'entreprise est déterminée à partir de l'actualisation des flux de dividendes revenant aux actionnaires. Ce sont des méthodes d'évaluation directes : elles évaluent la valeur de marché des capitaux propres de l'entreprise :

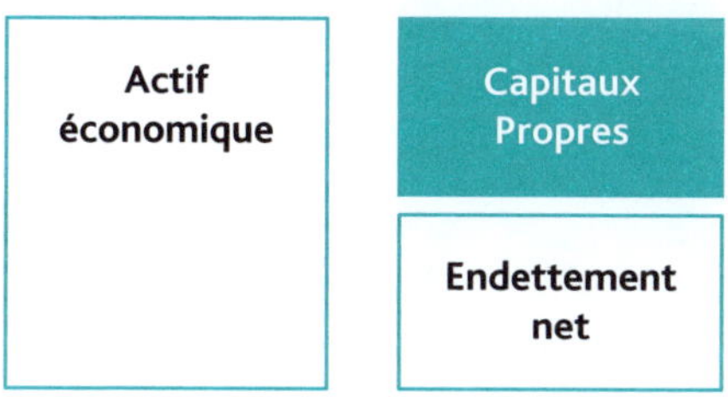

Il existe deux modèles : le modèle à dividendes constants et celui à dividendes croissants.

Le modèle à dividendes constants

Définition

La **valeur d'une action** correspond à la valeur actuelle des flux futurs de dividendes à recevoir par l'actionnaire.

Si l'on pose : *Dk* : le dividende global versé en fin année *k* ; *i* : le taux d'actualisation correspondant au coût des fonds propres, les dividendes étant par essence des flux nets ; on a alors :

$$V = \sum_{k=1}^{n} D_k (1 + i)^{-k}$$

Irwing et Fisher ont supposé que les dividendes à recevoir étaient relativement constants.

Dans ce cas, la formule de base devient alors celle d'une rente perpétuelle, soit $V = \frac{D_1}{i}$. On parle également de capitalisation du dividende.

Le modèle à dividendes croissants (modèle de Gordon et Shapiro)

Ce modèle substitue l'hypothèse d'une croissance à taux constant du dividende à percevoir, à celle de constance des dividendes d'Irwing et Fisher. En supposant un horizon infini et en posant *g* le taux de croissance des dividendes, on obtient, après simplification mathématique, la relation :

$$V = \frac{D_1}{i - g}$$

B. La méthode des flux de trésorerie disponibles actualisés (*Discounted Free Cash Flows*)

Définition

La méthode des *Discounted Cash Flows* (**DCF**) mesure la valeur économique par la projection de flux de trésorerie actualisés disponibles pour assurer la politique de financement de l'entité. En l'absence d'endettement net, cette somme de flux de trésorerie disponibles revient aux actionnaires.

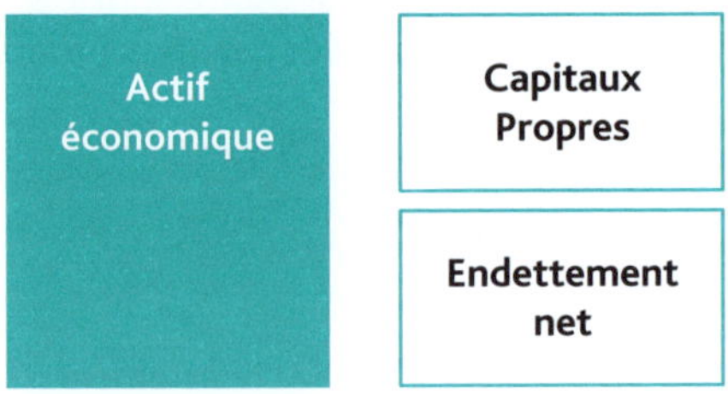

Si l'on pose V_E, la valeur économique, V_{CP} a valeur des capitaux propres et V_D, la valeur de l'endettement net, on a :

$$V_E = V_{CP} + V_D$$

Pour les investisseurs l'évaluation doit porter sur la valeur des capitaux propres, c'est-à-dire après endettement net de la trésorerie (V_D = Endettement brut – Trésorerie). Il faudra ôter la valeur de marché des dettes financières de la firme. On a alors :

$$V_{CP} = V_E - V_D$$

Formule à retenir pour calculer les FCF (*Free Cash Flows*) prévisionnels

Chiffres d'affaires
– Achats
– Frais généraux
– Masse salariale
≈EBITDA ou EBE
– DAP nettes des RAP
≈EBIT ou REX ou Résultat opérationnel courant
– Impôt sur les sociétés (au taux normatif)
= EBIT après IS ou REX après IS
+ DAP nettes des RAP
≈MBA ou CAF
–/+ ΔBFR
≈Cash-flows opérationnels
– Investissements nets des cessions (CAPEX, *Capital expenditures*)
≈FCF ou Flux de trésorerie disponibles

Pour estimer la valeur économique d'une entreprise à partir de la méthode des flux, on a :

$$VE = \sum_{t=1}^{n} \frac{FCF_t}{(1+i)^n} + \frac{VT_n}{(1+i)^n}$$

avec :
VE : valeur économique de la firme
FCF_t : flux de trésorerie disponibles l'année *t*
VT_n : valeur terminale l'année N : $VT_N = \frac{FCF_n \times (1+g)}{i-g}$
g : taux de croissance
i : taux d'actualisation ou coût moyen pondéré du capital (CMPC ou *Weighted Average Cost of Capital*)

$$CMPC = C_{cp} \times \frac{VCP}{VCP + VD} + C_d \times (1 - T) \times \frac{VD}{VCP + VD}$$

VCP : la valeur de marché des capitaux propres
VD : la valeur de marché de la dette nette
C_{cp} : le coût des capitaux propres
C_d : le coût de la dette
T : le montant du taux d'impôt sur les sociétés

Synthèse de la démarche des DCF

<table>
<tr><td rowspan="3">Première étape :
Calcul de la VE
(valeur économique
de l'entreprise)</td><td>• Calcul des FTD (flux de trésorerie disponibles ou Free cash flows) et de la valeur terminale : flux d'exploitation avant incidence du mode de financement (avant frais financiers) mais après prise en compte des investissements nécessaires au maintien de l'activité (Capex, capital expenditures).
• Il s'agit des flux (cash flows) prévisionnels générés par l'actif économique de l'entité.</td></tr>
<tr><td>On calcule une valeur terminale à l'issue d'un horizon que l'on se fixe (en général, 5 ans). Cette valeur terminale peut être approximée de différentes manières mais il est souvent convenu de prendre le dernier flux de trésorerie disponible que l'on continue à faire croître au taux g selon la formule de Gordon et Shapiro.</td></tr>
<tr><td>On actualise la somme de ces flux selon un taux d'actualisation qui est généralement le coût moyen pondéré du capital.</td></tr>
<tr><td>Deuxième étape :
Retranchement
de l'endettement net (VD)</td><td>Calcul de la valeur actuelle de l'endettement net que l'on actualise au coût normal de l'endettement :
VD = Endettement financier brut – Trésorerie nette</td></tr>
<tr><td>Troisième étape :
Calcul de la VCP
(valeur des capitaux propres)</td><td>Valeur des capitaux propres (VCP) = Valeur économique (VE)
– Valeur de l'endettement net (VD)</td></tr>
</table>

L'actualisation des *cash-flows* prévisionnels donne la valeur de l'actif nécessaire à l'obtention des résultats d'exploitation. Si l'entreprise possède des actifs qui n'ont pas été pris en compte dans l'évaluation des flux (éléments hors exploitation), il faudra les ajouter pour l'évaluation finale.

Lorsque l'on applique la méthode des DCF aux comptes de groupes, il convient de retrancher les intérêts minoritaires et les provisions pour engagements de retraite de la valeur économique.

▸ Exemple

On vous donne les informations suivantes au 31 décembre N pour calculer la valeur de l'entrepise Grust. Les EBE prévisionnels sont de :

N+1	N+2	N+3	N+4	N+5
400	450	480	500	510

Les DAP sont de 200 chaque année. Le BFR représente 20 % de l'EBE. Le BFR de l'année N est de 50.
Les investissements prévus sont :

N+1	N+2	N+3	N+4	N+5
60	100	70	80	50

Le taux d'IS est de 25 %. Le taux d'actualisation est de 10 % (CMPC).
Le taux de croissance g = 2 %.
L'entreprise a une dette financière de 2000 et des disponibilités de 500 au 31 décembre N.

Étape 1

On procède au calcul des 5 flux de trésorerie prévisionnels actualisés ainsi que la valeur terminale actualisée. On en déduit la valeur économique.

	N+1	N+2	N+3	N+4	N+5
EBE	400	450	480	500	510
DAP	200	200	200	200	200
REX	200	250	280	300	310
IS	50	63	70	75	78
REX après IS	150	188	210	225	233
DAP	200	200	200	200	200
CAF	350	388	410	425	433
Var. BFR	– 30	– 10	– 6	– 4	– 2
Flux de trésorerie d'activité / d'exploitation	320	378	404	421	431
Investissements	60	100	70	80	50
Flux de trésorerie disponibles	260	278	334	341	381
FTD actualisés	236	229	251	233	236

- La somme des FTD actualisés est de : 1 186
- La valeur terminale : VT = [FTD5 × (1 + g)] / (t – g) = (381 × (1 + 2 %)) / (10 % – 2 %) = 4 851
- La valeur terminale actualisée : 4 851 / (1 + 10 %)^5 = 3 012
- La valeur économique est de : VE = 1 186 + 3 012 = 4 198, d'où VE = 4 198

Étape 2

On calcule la valeur de l'endettement net (VD)
VD = endettement brut – trésorerie = 2 000 – 500 = 1 500, d'où VD = 1 500

Étape 3

On calcule la valeur des capitaux propres (VCP)
VCP = VE – VD = 4 198 – 1 500 = 2 698, d'où VCP = 2 698 ◄

17 L'évaluation par les multiples

Mots-clés

Évaluation par les multiples • PER

1 Les fondements de la méthode

Définition

L'objectif de l'évaluation par les multiples est de valoriser une entreprise par comparaison avec un échantillon de référence constitué d'investissements de même nature ou très proches.

Les firmes qui possèdent des caractéristiques proches doivent avoir des valeurs identiques. Méthode simple et rapide, cette méthode constitue une référence absolue lors d'une première approche de valorisation, que ce soit pour les marchés financiers ou dans le monde du capital-investissement.

A. Le calcul du multiple

Sur les sociétés de l'échantillon préalablement identifié, on calcule un multiple de la façon suivante :

$$\text{Multiple} = \frac{\text{Valeur}}{\text{Critère retenu}}$$

Étapes de la méthode

- Constitution d'un échantillon de sociétés cotées ayant récemment fait l'objet de transactions comparables à la société de référence (mêmes caractéristiques sectorielles et financières)
- Identification d'indicateurs de performance pertinents pour l'analyse des différences de valorisation entre les entreprises retenues
- Ajustement empirique éventuel des résultats
- Application de multiples aux données financières de la société à évaluer

On applique ensuite cette relation à la société à évaluer :

$$\text{Valeur} = \text{Multiple} \times \text{Critère retenu}$$

B. Les catégories de multiples

On distingue deux catégories de multiples selon qu'ils prennent ou non en compte des frais financiers :

- Le multiple relie la valeur à un critère calculé après incidence de la structure de financement : on aboutit à une détermination de la valeur des capitaux engagés qui tient compte de l'endettement.
- Le multiple relie la valeur à un critère calculé avant incidence de la structure de financement (c'est-à-dire avant résultat financier au niveau du compte de résultat) : il faut retrancher à cette valeur, le montant de l'endettement net (↪fiche 16).

Impact sur le calcul

Multiples de la **valeur économique** *(multiples avant frais financiers)*	→	Multiple de l'EBE (EBITDA) ou du résultat d'exploitation (EBIT)	→	Valeur économique de la cible = Multiple retenu × Critère *et* Valeur des capitaux propres = Valeur économique de la cible – Dette financière nette
Multiples des **capitaux propres** *(multiples après frais financiers)*	→	Multiple du résultat net (ou PER), de la CAF, ou du résultat courant, des capitaux propres	→	Valeur des capitaux propres = Multiple retenu × Critère

On calcule ensuite le cours de l'action de la cible de la façon suivante :

$$\text{Valeur du titre de la cible} = \frac{\text{Valeur des capitaux propres}}{\text{Nombre de titres}}$$

2 Les principaux multiples

A. Les multiples de l'actif économique

On trouve essentiellement deux critères pour évaluer la valeur de l'actif économique :

- l'EBE ou EBITDA (*Earning before interest, taxes, depreciation and amortization*) ;
- le résultat d'exploitation ou EBIT (*Earning before interest and taxes*).

On a dans ce cas :

$$\text{Multiple} = \frac{\text{Valeur de l'actif économique}}{\text{EBITDA ou EBIT}}$$

B. Le multiple du bénéfice net (*Price Earning Ratio*, PER)

Définition

Le **PER** est le taux de capitalisation des bénéfices ou encore le coefficient multiplicateur du résultat.

$$PER = \frac{\text{Capitalisation boursière}}{\text{Bénéfice}} \quad \text{ou} \quad PER = \frac{\text{Cours de l'action}}{\text{Bénéfice par action}}$$

Généralement, on retient pour le calcul du bénéfice par action un résultat courant après impôt (hors éléments non récurrents).

▶ **Exemple**

Une société cotée Alpha souhaite procéder à une augmentation de capital. Elle dégage un bénéfice stable à hauteur de 4 000 €. Son capital composé de 5 000 actions et sa dette a une valeur de marché égale à 25 000 €.
Pour déterminer le prix de souscription, elle souhaite recourir à la méthode des multiples. Pour ce faire elle s'est procuré la valeur de l'EBITDA et de l'EBIT des principales sociétés présentes sur ce secteur d'activité et présentant des caractéristiques proches des siennes. Elle sait en outre que le PER du secteur est de 12.

En milliers d'euros	Capitalisation boursière	Valeur de l'endettement	EBITDA	EBIT
Société Alpha		25	10	8
Société A	31	14	5	3
Société B	45	17	9	8
Société C	21	7	4	3
Société D	56	23	12	9

Étape 1. Calcul des multiples

En milliers d'euros	Valeur actif économique[(a)]	Multiple EBITDA[(b)]	Multiple EBIT[(c)]
Société A	45	9	15
Société B	62	6,89	7,75
Société C	28	7	9,33
Société D	79	6,58	8,78
Moyenne		**7,37**	**10,22**

(a) : Actif économique = Capitalisation boursière + Endettement

(b) : Actif économique / EBITDA

(c) : Actif économique / EBIT

Étape 2. Calcul de la valeur du titre Alpha

	Valeur de l'actif économique[a]	Valeur des capitaux propres[b]	Valeur d'une action[c]
EBITDA	73,68	48,68	9,74
EBIT	91,94	56,72	11,34
PER	–	48,00	9,60

(a) : Actif économique = Multiple × Critère (EBITDA ou EBIT)

(b) : Actif économique – Endettement

(c) : Capitaux propres / Nombre d'actions (5 000)

- Le prix de souscription peut être fixé dans cette fourchette de 9,60 € à 11,34 €.
- La moyenne du cours possible par la méthode des multiples est de 10,23 €. ◄

18 L'évaluation par les méthodes mixtes

Mots-clés

ANCC • Écart de conversion • Élément incorporel • *Goodwill* • Principe des coûts historiques • Superprofit

1 Les méthodes patrimoniales : l'actif net comptable corrigé (ANCC)

Définition

L'actif net comptable corrigé (ANCC) correspond à la différence entre la valeur économique des actifs réels et la valeur économique des dettes réelles (généralement, leur valeur comptable).

L'application du principe des coûts historiques conduit à la présentation d'un bilan qui ne traduit pas la valeur précise d'une entreprise. Les retraitements nécessaires visent à réévaluer certains postes et prendre en compte l'impact fiscal, d'où l'expression « actif net comptable corrigé ».

A. Les différents retraitements à effectuer

Les retranchements d'actifs fictifs

Les actifs fictifs sont des charges immobilisées pour faire l'objet d'un étalement sur plusieurs exercices (frais d'établissement, etc.).

Les écarts de conversion *passif* sont reclassés en augmentation dans les capitaux propres ; déjà pris en compte dans le résultat par le biais des provisions pour risque de change, les écarts de conversion *actif* n'ont pas à être reclassés en diminution dans les capitaux propres.

La réestimation de certains postes

Elle fait généralement apparaître des plus-values. Deux cas sont alors à distinguer :

- pour les biens nécessaires à l'exploitation : la plus-value est portée en majoration de l'actif net ;
- pour les biens non nécessaires à l'exploitation : on considère qu'ils seront vraisemblablement cédés : la plus-value est à porter en majoration de l'actif net pour son montant net (hors frais et impôts).

La prise en compte de la fiscalité différée

Postes du passif	• Dettes d'impôt potentielles pouvant provenir des postes des capitaux propres : – quote-part de subvention virée au résultat, – reprise des amortissements dérogatoires. • Elles viennent en diminution de l'actif net.

Postes de l'actif	• Créances d'impôt provenant de certains postes d'actif fictifs grâce à l'étalement de charges sur plusieurs exercices (amortissements) : – les frais d'établissement ; – les frais d'émission des emprunts ; – les primes de remboursement des obligations. • Ils viennent en augmentation de l'actif net.

Le reclassement des provisions pour risques et charges

Ces provisions sont à considérer comme des dettes sauf si elles ne sont pas totalement justifiées ; elles sont alors reclassées dans les capitaux propres car assimilées à des réserves. Si les provisions ont déjà été déduites du résultat fiscal des années antérieures, on porte en majoration de l'actif net leur montant net d'impôt.

Le cas du crédit-bail

Le crédit-bail est un engagement hors bilan que l'on peut retraiter pour faire apparaître la dette due au titre des loyers (et les options d'achat) futurs ainsi que la valeur de l'immobilisation. L'existence d'une valeur d'utilité différente peut engendrer une plus-value à prendre en compte.

2 Les méthodes mixtes : l'approche fondée sur le *goodwill*

Définition

Un *goodwill* (GW) est un paiement effectué aujourd'hui par l'acquéreur en prévision d'avantages économiques futurs générés par des actifs qui ne peuvent être identifiés individuellement et comptabilisés séparément.

Le principe est le suivant :

Valeur entreprise = Actifs matériels + Actifs immatériels

C'est-à-dire :

Valeur entreprise = ANCC (*hors fonds de commerce*) + *Goodwill*

Il existe deux méthodes d'évaluation du *goodwill* : une méthode indirecte et la méthode la rente du *goodwill*.

A. La méthode des praticiens (méthode indirecte ou allemande)

La valeur d'une entreprise est obtenue par la moyenne arithmétique :

- de sa valeur patrimoniale (ANCC hors fonds de commerce) qui sera considérée comme la valeur limite inférieure ;
- de sa capacité bénéficiaire (valeur de rendement) qui sera considérée comme la valeur limite supérieure.

On a donc :

$$V = \frac{ANCC + VR}{2}$$

Le *goodwill* (GW) est ensuite déterminé de façon indirecte :

$$V = \frac{ANCC + VR}{2} \text{ d'où } ANCC - \frac{ANCC}{2} + \frac{VR}{2}$$

$$\text{comme } V - ANCC = GW\text{, on a alors } GW = \frac{VR - ANCC}{2}$$

B. La méthode de la rente du *goodwill*

Les éléments incorporels constitutifs du *goodwill* n'ont de valeur que s'ils permettent à l'entreprise de réaliser un bénéfice dont le montant excède la rémunération des actifs matériels, au minimum, au taux des placements sans risque.

La notion de superprofit (ou de superbénéfice)

Définition

Le superprofit (SB) est le supplément de rentabilité obtenu grâce aux éléments incorporels du *goodwill*.

Si l'on appelle *B* le bénéfice courant net d'impôt, *t* le taux des placements sans risque et *ANCC* l'actif net comptable corrigé *(sauf fonds de commerce)*, le superprofit est déterminé comme suit :

$$\text{Superprofit} = B - t \times ANCC$$

Le calcul de la rente du goodwill

La valeur du GW peut alors être estimée par l'actualisation de ces superprofits au taux *i* (coût des fonds propres). Ce qui constitue la rente du *goodwill*.

Sur une période limitée	On parle de rente abrégée du *goodwill* (en général 5 ans, $n = 5$) $GW = (B - ANCC \times t)\dfrac{1 - (1 + i)^{-n}}{i}$
Sur une période illimitée	On parle de rente infinie du *goodwill* (capitalisation du superprofit) : $GW = \dfrac{(B - t \times ANCC)}{i}$

Le calcul de la valeur de l'entreprise

Une fois le *goodwill* calculé, on l'ajoute à la valeur de l'ANCC (hors fonds de commerce) précédemment calculé pour obtenir la valeur de l'entreprise.

Les alternatives à l'ANCC

Outre l'ANCC, on peut retenir dans le calcul du superprofit (SB) :

- la valeur substantielle brute (VSB),
- les capitaux permanents nécessaires à l'exploitation (CPNE).

Si l'on note *AE* l'actif économique et B_{AE}, le bénéfice correspondant à l'actif économique retenu, on a d'une manière générale :

$$SB = (B_{AE} - AE \times t)\frac{1-(1+i)^{-n}}{i}$$

Avec les cas suivants :

	Périmètre de l'actif économique	Périmètre du bénéfice de l'actif économique
AE = VSB	• Valeur d'utilité des éléments nécessaires à l'exploitation • Valeur d'utilité des biens d'exploitation faisant l'objet de crédit-bail ou location • Montant des EENE	• Produits et charges nécessaires à l'exploitation (exclusion des dotations sur actif fictif et de toutes les charges d'intérêt) • Retraitements relatifs aux éléments en location-financement
AE = CPNE	• Valeur d'utilité des immobilisations nécessaires à l'exploitation (acquises ou louées) • BFR (normatif)	• Produits et charges nécessaires à l'exploitation (exclusion des dotations sur actif fictif et des charges d'intérêt à long terme) • Retraitements relatifs aux éléments en location-financement

Pour calculer le superbénéfice, le taux d'actualisation à retenir est alors le CMPC puisque l'on se fonde sur l'actif économique et non plus les capitaux propres (ANCC = Actif – Dettes).

▸ Exemple

Afin de préparer le dossier de reprise de l'entreprise, un auditeur a évalué l'actif net comptable d'une SA (capital composé de 160 000 actions) à 1 500 k€. Il indique par ailleurs que, dans cette évaluation, figurent :

– le fonds de commerce pour une valeur de 300 k€ mais estimé à 400 k€ ;
– un immeuble de rapport pour une valeur nette comptable de 60 k€ ;
– une subvention d'investissement figurant dans le bilan N pour 21 k€ obtenue en N–3.

Les services financiers de la société ont évalué la valeur d'utilité de l'actif immobilisé à 2 000 k€ (incluant la valeur estimée du fonds de commerce). Il leur semble également qu'un BFR de 50 k€ est nécessaire au fonctionnement normal de l'entreprise.

Le résultat courant avant impôt est de 120 k€. Il tient compte des loyers de l'immeuble à hauteur de 2 k€ et des intérêts des dettes financières à long terme pour 5 k€.

Le taux d'imposition de la société est de 25 %.

Le taux de rémunération des obligations est de 4 %. Le coût des fonds propres est de 10 %.

Le coût moyen du capital est de 9 %. Il correspond au coût des ressources à long terme.

Solution 1. Calcul de la valeur de la société par la méthode de la rente du goodwill

Calcul de l'actif net comptable corrigé (ANCC)

Actif net comptable = 1 500 k€
+ Plus-value liée au fonds de commerce = 100 k€
– Impôts différés au passif = 21 k€ × 25 % = 5,25 k€
Soit 1 594,75 k€.

Rente du *goodwill* à partir de l'ANCC

RCAI = 120 K€
RCAI après IS = 120 k€ × (1 – 25 %) = 90 k€
ANCC hors fonds de commerce = 1 594,75 K€ – 400 k€ = 1 194,75 k€
Superbénéfice = (90 k€ – 4 % × 1 194,75 k€) = 42,21 k€

$$\text{Rente du } goodwill = 42{,}21\frac{1-(1+10\%)^{-5}}{10\,\%} = 160{,}02 \text{ K€}$$

Valeur de la société par la rémunération de l'ANCC

Valeur société = ANCC (hors fonds de commerce) + rente du *goodwill*
Soit 1 194,75 k€ + 160,02 k€ = 1 354,77 k€.
L'action vaut donc **8,47** €.

Solution 2. Calcul de la valeur de la société par la méthode des CPNE

CPNE = Valeur d'utilité de l'actif immobilisé (hors fonds de commerce) + BFR normatif
Soit 2 000 k€ – 400 k€ + 50 k€ = 1 650 k€

Rente du *goodwill* à partir des CPNE

Résultat CPNE avant IS = RCAI – Produits hors exploitation + Intérêts des dettes financières LT
Soit 120 k€ – 2 k€ + 5 k€ = 123 k€
Résultat CPNE après IS = 92,25 k€
Superbénéfice = (92,25 k€ – 4 % × 1 650 k€) = 26,25 k€

$$\text{Rente du } goodwill = 26{,}25\ \frac{1-(1+9\,\%)^{-5}}{9\,\%} = 102{,}10 \text{ k€}$$

Valeur de la société par la rémunération des CPNE

Valeur société = ANCC (hors fonds de commerce) + rente du *goodwill*
Soit 1 194,75 k€ + 102,10 k€ = 1 296,85 k€.
L'action vaut donc **8,11** €. ◂

19 Les évaluations spécifiques

Mots-clés

Bâtiment • Fonds de commerce • Marché immobilier • Start-up

1 Les méthodes d'évaluation dans l'immobilier

A. La méthode par comparaison

Elle consiste à partir directement des références de transactions effectuées sur le marché immobilier pour des biens présentant des caractéristiques et une localisation comparable à celle du produit expertisé. Cette approche est utilisée tant pour déterminer la valeur vénale que la valeur locative d'un actif immobilier.

B. Les méthodes par le revenu (*Income Approach*)

Ces méthodes consistent à prendre pour base un revenu constaté ou existant ou un revenu théorique ou potentiel (loyer de marché ou valeur locative de marché), ou encore les deux, puis à utiliser des taux de rendement, de capitalisation ou des taux d'actualisation (valeur actuelle d'une série de flux sur une période donnée). Ces méthodes s'apparentent à celle de la méthode des flux de trésorerie actualisés (↪ fiche 16).

C. Les méthodes indiciaires

Ces méthodes consistent à appliquer un indice ou un coefficient de variation soit à un prix de transaction, soit à une valeur antérieure. Pour certains biens immobiliers d'habitation, les notaires de France publient trimestriellement un indice d'évolution des prix, validé par l'Insee. Cet indice est principalement destiné à analyser l'évolution du marché immobilier mais ne peut pas être considéré comme un outil d'évaluation en soi.

D. Les méthodes des ratios professionnels (*Profits Method*)

Ces méthodes concernent un certain nombre de biens à caractère spécifique tels que : hôtels, cinémas, hôpitaux, cliniques, etc. Elles sont également utilisées fréquemment en immobilier de loisirs et pour certaines surfaces commerciales. Ces méthodes sont en fait des dérivés des méthodes par comparaison directe ou par le revenu. Elles se fondent sur une valeur locative correspondant à un pourcentage du chiffre d'affaires ou de la marge brute, réels ou potentiels, de l'activité exercée dans les locaux.

2 Les méthodes d'évaluation pour les start-up

Adaptée aux start-up, la méthode du VCM (*Venture Capital Method*) repose sur trois étapes.

- élaborer un business plan sur 5 ans ;
- déterminer la valeur de sortie dans 5 ans ;
- déterminer la valeur d'entrée.

En raisonnant à l'envers, on s'interroge, non pas sur la valeur de départ, mais sur la valeur de sortie. À partir de celle-ci, on revient à la valeur présente grâce à un taux d'actualisation qui permet de calculer la valeur *pre-money* et *post-money* (après financement) de l'entreprise.

A. Appliquer la méthode des flux de trésorerie disponibles

La démarche suit quatre étapes :

- Estimer les *cash-flows* prévisionnels à un horizon de 5 ans.
- Actualiser ces *cash-flows* à un taux d'actualisation compris entre 25 % et 75 %.
- Calculer la valeur terminale de l'entreprise à partir du modèle de Gordon et Shapiro.
- La valeur terminale est alors actualisée en utilisant un taux d'actualisation de 35 à 70 % pour contrebalancer l'optimisme présent dans les prévisions des *cash-flows* des entrepreneurs.

B. Appliquer la méthode comparative à l'aide du PER

La démarche suit quatre étapes :

- Déterminer le PER du projet en étudiant des entreprises aux caractéristiques comparables.
- Calculer la valeur de la start-up en multipliant le résultat net par le PER.
- Actualiser la valeur trouvée.
- Calculer une moyenne arithmétique de la valeur de la start-up issue de la méthode des flux de trésorerie disponibles et de la valeur obtenue par la méthode comparative.

3 Les autres méthodes d'évaluation sectorielles

A. Les méthodes adaptées au fonds de commerce

La méthode du barème

Un coefficient multiplicateur (variable selon le secteur d'activité) est appliqué au chiffre d'affaires du fonds de commerce. Cette méthode est souvent utilisée par l'administration fiscale mais elle ne tient pas compte de l'emplacement, de la notoriété de l'enseigne, etc.

Les méthodes fondées sur des critères de rentabilité

On applique un coefficient à la moyenne des EBE ou des résultats nets des derniers exercices. Une pondération doit être ensuite apportée pour tenir compte de l'emplacement, de la notoriété, d'une situation de monopole, etc.

B. Les méthodes adaptées au secteur du bâtiment

Tout dépend du type d'entreprises du **bâtiment** concerné (gros œuvre, second œuvre, etc.). Il faut souvent écarter les méthodes à base de flux de trésorerie (impossibilité de faire des prévisions) car ce secteur est exposé aux ouvertures de chantiers et à la conjoncture économique.

Selon la Fédération française du bâtiment (FFB), les praticiens et l'administration fiscale privilégient une combinaison de valeurs en utilisant la formule pondérée suivante :

$$\text{Valeur combinée} = \frac{3\text{ VM} + \text{VP}}{4}$$

avec :

- l'approche patrimoniale – fondée sur l'ANC corrigé – appelée aussi « valeur mathématique » (VM) ;
- l'approche par les bénéfices – fondée sur le résultat net comptable – appelée aussi « valeur de productivité » (VP).

LE + DE L'EXPERT

Veillez à bien distinguer fonds de commerce et fonds commercial, ce dernier comprenant les éléments incorporels du fonds de commerce ne pouvant être évalués isolément.

20 Les difficultés de la politique d'investissement

Mots-clés

Arbre de décision • Coût d'opportunité • Rationnement externe • Rationnement interne

1 Le calcul des flux financiers imputables aux projets

Les flux des projets doivent être évalués dans une perspective marginale et en tenant compte de certaines difficultés :

Coûts irrécupérables (*sunk costs*)	• Ce sont des dépenses financières qui ont engagées qui ne peuvent être récupérées si le projet n'est pas retenu (études de marché, etc.). • Elles ne doivent pas être prises en compte.
Coûts d'opportunité	• Ce sont des ressources internes réutilisées dans le projet. • Même si elles apparaissent comme « gratuites » elles doivent être intégrées dans le coût du projet.
Externalités	Ce sont les conséquences, à prendre en compte, de la réalisation du projet sur les autres activités de la firme (concurrence entre produits, etc.)

▸ **Exemple**

L'utilisation, dans un projet d'investissement, d'un bâtiment acquis précédemment est un coût d'opportunité à intégrer dans le nouveau projet. ◂

2 La contradiction entre critères de sélection des projets d'investissement

A. Les causes de discordance entre critères

Les caractéristiques des projets

La comparaison de différents projets n'est pas pertinente lorsqu'il existe de trop grandes différences entre leurs caractéristiques (montants, durées de vie, etc.).

Les problèmes spécifiques au calcul du TRI

L'équation permettant de trouver le TRI est une équation de degré n, n correspondant au nombre d'années de la durée de vie du projet :

$$I = \sum_{t=1}^{n} FNT_t (1+i)^{-t} \Leftrightarrow \sum_{t=1}^{n} FNT_t (1+i)^{-t} - I = 0$$

$$\Leftrightarrow \frac{FNT_1}{(1+i)} + \frac{FNT_2}{(1+i)^{-2}} + \ldots + \frac{FNT_n}{(1+i)^n} - I = 0$$

Or, une équation de degré n peut admettre plusieurs solutions ou aucune solution.

L'hypothèse implicite de réinvestissement des cash-flows

L'hypothèse sous-jacente à l'utilisation des différents critères d'évaluation fondés sur l'actualisation est que les cash-flows dégagés par l'investissement sont réinvestis, c'est à dire placés (capitalisés) au fur et à mesure de leur apparition.

Dans le cas du calcul de la VAN, ce réinvestissement se fait au taux qui correspond au coût moyen de financement de l'entreprise.

Dans le cas du TIR, le taux calculé est un taux de rentabilité marginal, souvent très élevé, qui ne correspond qu'à un investissement ponctuel et non pas au niveau normal de rentabilité de l'entreprise.

B. Les méthodes de résolution de conflits entre critères

La méthode de l'annuité équivalente

Elle représente le montant de fonds qui, s'ils étaient perçus annuellement de manière constante sur la durée de vie du projet et actualisés au taux requis, donneraient la même VAN que celle obtenue par le calcul classique.

Cette méthode suppose que l'on puisse renouveler à l'identique les projets étudiés.

À partir de la formule suivante, dans laquelle A_E mesure l'annuité équivalente, on a pour un projet donné :

$$VAN = A_E \frac{1-(1+i)^{-n}}{i} \quad \text{d'où l'annuité équivalente} \quad A_E = \frac{VAN \times i}{1-(1+i)^{-n}}$$

Entre plusieurs projets, on choisit celui qui possède l'annuité équivalente la plus élevée.

Les critères globaux ou intégrés

L'objectif des critères globaux ou intégrés est de prendre en compte le différentiel entre :

- le taux de rentabilité exigé par les actionnaires (taux de placement qui leur semblera acceptable) ;
- le taux d'actualisation (CPMC, c'est-à-dire le coût des ressources de financement).

Critères globaux ou intégrés usuels

VAN globale (VANG) ou intégrée (VANI)	• C'est la différence entre la valeur actuelle de la valeur acquise des *cash-flows* et le montant des capitaux investis (I). • Elle mesure l'avantage absolu entre les capitaux investis et les *cash-flows* obtenus. • Si l'on appelle A la valeur acquise des cash-flows, alors $VANI = A(1+i)^{-n} - I$ • Un projet n'est acceptable que si sa VANI est strictement positive.
IP global (IPG) ou intégré (IPI)	• L'indice de profitabilité intégré (IPI) est la valeur actuelle de la valeur acquise par les cash-flows divisée par le capital investi. Soit : $IPI = \frac{A(1+i)^{-n}}{I}$ • Pour qu'un projet soit acceptable, il faut que son IPI soit supérieur à 1.
TIR global (TIRG) ou intégré (TIRI)	• Le TIRI est le taux i qui donne l'équivalence entre la valeur actuelle de la valeur acquise des flux A et la valeur des capitaux investis. C'est-à-dire : $i = \left(\frac{A}{I}\right)^{\frac{1}{n}} - 1$ • On accepte le projet dont le TIRI est supérieur au coût des ressources l'entreprise (CMPC).

3 L'appréhension du risque dans la décision d'investissement

A. Le calcul de l'espérance et de l'écart-type de la VAN (flux de trésorerie indépendants)

Lorsqu'on peut probabiliser les flux d'exploitation d'un projet (flux indépendants), on peut calculer :

- l'espérance mathématique E(VAN) qui mesure de la rentabilité du projet ;
- l'écart-type σ(VAN) qui permet d'apprécier le risque du projet.

Si l'on désigne par *n* la durée du projet et *i* le taux d'actualisation, on a :

$$E(VAN) = \sum_{t=0}^{n} E(CF_t)(1+i)^{-t} = -I + \sum_{t=1}^{n} E(CF_t)(1+i)^{-t} \quad \text{car} \quad E(CF_0) = -I$$

$$VAR(VAN) = \sum_{t=0}^{n} VAR(CF_t)(1+i)^{-2t} = \sum_{t=1}^{n} VAR(CF_t)(1+i)^{-2t} \quad \text{car} \quad VAR(CF_0) = 0$$

Le projet est rentable lorsque l'espérance mathématique de la VAN est positive.

Le calcul de l'écart-type permet ensuite d'apprécier le risque du projet.

B. L'arbre de décision

Définition

Un **arbre de décision** est une schématisation de l'ensemble des décisions et des événements pouvant intervenir dans une décision d'investissement.

L'arbre de décision présente :

- des nœuds de décision : choix entre plusieurs décisions et représentés généralement par un carré (la racine de l'arbre est donc toujours un nœud de décision) ;
- des nœuds d'événements : alternatives entre plusieurs événements et représentés quant à eux par un cercle.

C. L'analyse du seuil de rentabilité financier

Il s'agit de déterminer la valeur minimale du chiffre d'affaires annuel moyen prévu de manière à ce que la VAN soit égale à zéro.

D. Les méthodes fondées sur la simulation

Analyse de sensibilité	Il s'agit, à partir des informations et des estimations fournies par les services compétents, d'élaborer un *business plan* faisant apparaître une hypothèse optimiste, une hypothèse pessimiste et une hypothèse moyenne (ou attendue), ce qui permet de juger de l'impact de la modification d'une de ces variables.
Méthode des *scenarii*	Il s'agit d'une extension de la précédente méthode : elle pose comme fondement l'interdépendance de certaines variables. À partir de la modification de certaines d'entre elles, on peut élaborer des combinaisons possibles et les examiner.

Méthode de Monte-Carlo	Il s'agit d'une extension à toutes les possibilités envisagées par tirage aléatoire (technique de la roulette ou de Monte-Carlo) et construction d'une distribution de probabilité (D. Hertz en a proposé le cas d'application le plus connu).

E. L'évaluation des flux de trésorerie équivalents certains (EQC)

Cette méthode permet de prendre en compte l'évolution du risque tout au long de la durée de vie du projet en convertissant les flux de trésorerie prévisionnels en flux équivalents certains.

Pour chacune des années du projet, on calcule un flux « garanti », actualisé au taux sans risque, contre lequel on accepterait d'échanger le flux espéré calculé.

On appelle VA_t la valeur actuelle du flux espéré à l'année *t*, *Ct* la valeur du flux espéré à l'année *t*, *i* le taux d'actualisation de l'entreprise prenant en compte le risque initial du projet, *rf* le taux d'actualisation sans risque.

L'équivalent certain EQC_t pour l'année *t* est :

$$VA_t = \frac{C_t}{(1+i)^t} = \frac{EQC_t}{(1+r_f)^t}$$

4 Les situations de rationnement du capital

Définitions

- On parle de « rationnement externe » de capital lorsque l'environnement financier ne satisfait pas les appels de fonds de l'entreprise.
- On parle de « rationnement interne » de capital lorsque les dirigeants de l'entreprise limitent volontairement le niveau de leurs appels de fonds au marché ou allouent à leurs différentes filiales des budgets d'investissement.

Seuls seront retenus les projets qui, ensemble, fourniront à l'entreprise la plus grande valeur actuelle nette compatible avec la limite budgétaire adoptée.

Il existe essentiellement deux méthodes de détermination du programme d'investissement d'une entreprise :

- Une méthode traditionnelle. Elle est associée à l'établissement d'un ordre prioritaire de réalisation des projets.
- Une méthode analytique. Elle fait appel aux techniques de programmation linéaire.

LE + DE L'EXPERT

Il est également possible de recourir aux critères issus de la théorie des jeux pour prendre en compte le risque dans la décision d'investissement.

21 Le désinvestissement, la défaillance et la liquidation

Mots-clés

CAPEX • Crédit-bail • Défaillance • Désinvestissement • Étude de sensibilité • Liquidation • OPEX

1 Les techniques de désinvestissement

Définition

Le **désinvestissement** correspond à une situation où une entreprise décide de céder une partie de ses actifs.

Dans les sociétés de grande taille, cette situation a généralement deux origines : une volonté de désendettement et/ou la recherche d'une meilleure rentabilité. Dans les deux cas, il s'agit d'un choix stratégique et volontaire.

Dans les PME aux ressources financières limitées, le désinvestissement est parfois contraint : l'entreprise doit céder ses immobilisations pour reconstituer une trésorerie dégradée.

A. La stratégie de désendettement

Un groupe coté souhaite réduire le niveau de sa dette lorsqu'il est tenu par le respect d'un ratio de couverture de sa dette (ex. : dans le cadre d'un covenant bancaire).

B. L'amélioration de la rentabilité

La réduction du taux d'endettement génère une baisse des frais financiers, ce qui *de facto* améliore la profitabilité et au final la marge brute d'autofinancement.

Par une stratégie de restauration des marges, le groupe peut également entreprendre un plan de réduction de ses coûts opérationnels (**OPEX**), ce qui se traduira *in fine* par une amélioration du cash-flow disponible (*free cash flow*).

Pour restaurer sa rentabilité, le groupe n'a parfois pas d'autre choix que de ralentir la croissance de son chiffre d'affaires et de céder des actifs non stratégiques (filiales, branches d'activité, etc.) tout en maintenant ses dépenses d'investissement de maintien et de développement (**CAPEX**).

C. La cession contrainte d'actifs

Une entreprise qui rencontre des difficultés de trésorerie est parfois contrainte de céder ses actifs pour reconstituer sa trésorerie.

Dans ce cadre, il peut être intéressant pour elle d'envisager de mettre en place une opération de « *sale and lease-back* ».

Ce moyen de financement consiste pour une entreprise à vendre une partie ou la totalité de ses actifs à une société de **crédit-bail**. Une fois la vente effectuée l'entreprise prend en location ces actifs pour une longue durée. Les ressources financières générées par cette opération permettent au chef d'entreprise de financer de nouveaux investissements.

2 La défaillance dans les projets d'investissement

Sur les marchés industriels et/ou financiers, une relation nécessaire s'instaure entre le risque et la rentabilité. Une mauvaise appréhension du risque et/ou une gestion peu scrupuleuse du projet d'investissement peut conduire à une **défaillance**.

A. L'évaluation du risque lié à l'investissement

Risques financiers	• Ils sont liés au montant de l'investissement de départ (par exemple, les dépenses engagées pour des back-offices de gestion de banques ou de compagnies). • Le décalage dans la livraison du projet par le prestataire (en cas d'externalisation de la maîtrise d'œuvre) entraîne une augmentation des coûts de fonctionnement du commanditaire (dépenses de formation, dépenses liées à la conduite du changement, etc.).
Risques organisationnels	Des impacts organisationnels peuvent être générés par les décalages des gains de productivité associés aux nouveaux outils en attente de déploiement et aux nouveaux processus susceptibles d'améliorer la performance de l'entreprise (par exemple, la livraison retardée d'un CRM retardera les gains sur les temps de traitement, les temps de recherche, les temps de coordination entre *front* et *back-offices*).

B. La prévention des risques liés à l'investissement

Pour limiter le risque de défaillance, on peut adopter une logique d'amélioration continue fondée sur la roue de Deming.

Roue de Deming et amélioration permanente (d'après www.piloter.org)

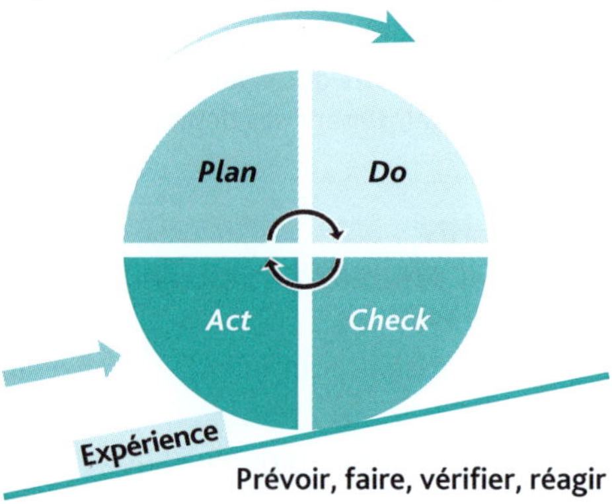

Le triptyque de la gestion de projet : coût, délai, qualité

Un projet d'investissement réussi est un projet réalisé dans le temps imparti, avec le budget prévu et un résultat de qualité.

Le cadrage et l'étude d'impact

Les projets importants nécessitent généralement une étude de cadrage détaillée qui se situe dans une phase d'avant-projet.

L'étude d'impact vise à identifier toutes les conséquences d'un changement sur les collaborateurs, processus, métiers ou autres projets en cours. Deux catégories de missions peuvent être menées :

- l'étude des besoins et de faisabilité (ex. : cartographie des besoins et identification d'indicateurs métier, analyse des sources de données) ;
- l'aide à l'élaboration de solutions décisionnelles (ex. : élaboration d'un guide méthodologique de conception de modèles décisionnels, aide aux choix d'outils décisionnels).

Une **étude de sensibilité** permet de mieux cerner le risque lié à un investissement. Les variables les plus communément retenues pour mener ce type d'analyse sont la taille du marché, la part de marché de l'entreprise, le taux de croissance du marché, le prix de vente des produits/services, les coûts variables/fixes, le montant initial du projet, etc.

3 La liquidation

Définition

La **liquidation** du patrimoine d'une entreprise peut s'opérer de deux manières différentes. Si elle a la capacité à faire face à ses engagements, la liquidation s'opère de façon amiable ; sinon la procédure applicable est la liquidation judiciaire.

A. La liquidation amiable

Elle survient lorsque l'entreprise a les moyens financiers de faire face à ses engagements (si elle dispose de suffisamment d'actifs pour pouvoir apurer son passif).

La procédure est mise en œuvre lorsque le dirigeant souhaite cesser son activité. Préalablement, les associés doivent procéder à la dissolution de la société.

Une date de fin d'activité est fixée et, à partir de celle-ci, le liquidateur procède au règlement des créances et des dettes en cours.

Au terme des opérations de liquidation, un bilan de liquidation est présenté par le liquidateur aux associés pour approbation. En cas d'accord, on procède à la clôture des opérations de liquidation.

B. La liquidation judiciaire

La liquidation judiciaire est ordonnée par jugement du tribunal de commerce lorsque l'entreprise ne peut pas faire face à ses dettes. Un liquidateur judiciaire est nommé :

- soit l'entreprise cesse son activité ;
- soit, à la demande des créanciers, elle poursuit son activité totalement ou partiellement suite à la décision du juge et pour une durée maximale de 6 mois.

Pendant toute la durée de la phase de liquidation, le dirigeant de l'entreprise est déchargé de la gestion au profit du liquidateur judiciaire dont la mission consiste à « réaliser les actifs » afin de rembourser les créanciers.

LE + DE L'EXPERT

Il existe un certain nombre d'outils ou de méthodologies d'évaluation du risque de défaillance (ex. : cotation Banque de France).

22 Les fonds propres et quasi-fonds propres

Mots-clés

Bon de souscription • Capitaux propres • Compte courant d'associé bloqué • Fonds propres • Géographie du capital • Obligation convertible • OPTF • Pacte d'actionnaires • Quasi-fonds propres

1 Le financement par fonds propres

Définition

Les capitaux propres représentent les fonds apportés par les actionnaires (à la constitution de la société ou ultérieurement) ainsi que les bénéfices non distribués (dividendes) et laissés à la disposition de la société.

Les capitaux propres visent à financer en tout ou partie l'investissement et à garantir les créanciers de l'entreprise lorsqu'ils financent l'autre partie de l'investissement.

A. Les catégories d'actions

Actions ordinaires	Titres négociables qui confèrent des droits aux actionnaires (droit sur la gestion, droit à l'information, droit sur les bénéfices et sur l'actif net).
Actions de préférence	Titres conférant un avantage particulier à leur détenteur par rapport aux actions classiques (ex. : actions à dividende prioritaire, actions à droit de vote double).

B. La géographie du capital

La géographie du capital étudie la structure de l'actionnariat afin d'analyser la répartition des intérêts financiers et des droits de vote dans une firme.

Classement des actionnaires selon la quantité de titres détenue

Actionnaires de référence (ou majoritaires)	Ils peuvent exercer une influence forte sur l'enterprise grâce à leur participation dans le capital et en particulier aux droits de vote qu'ils détiennent.
Actionnaires minoritaires (*Minority Shareholders*)	Ils détiennent moins du tiers du capital et des droits de vote et ne peuvent donc influer ni sur l'objet social, ni sur la gestion de l'entreprise : – s'ils détiennent ensemble un tiers plus une des voix, ils possèdent une minorité de blocage et peuvent alors s'opposer à toute décision prise en assemblée générale extraordinaire ; – s'ils détiennent ensemble au moins 10 % du capital socialn, ils peuvent demander en justice la désignation d'un ou plusieurs experts chargés de présenter un rapport sur une opération de gestion ou dénoncer les abus de droit des majoritaires.
Remarque : le flottant (*Free Float*) est la part des actions disponible sur le marché et susceptible d'être échangée (liquidité de l'action).	

C. Les moyens de contrôle des actionnaires sur le capital

La clause d'agrément

Aux termes d'une clause d'agrément, tout associé doit solliciter l'agrément de la société avant toute cession d'actions, ce qui permet d'éviter la présence d'un associé jugé indésirable.

Le droit de préemption

Le droit de préemption permet à tous les actionnaires, ou à une catégorie seulement, d'acquérir en priorité des actions en vente.

Le pacte d'actionnaire

Définition

Un pacte d'actionnaires est un accord extérieur aux statuts entre tout ou partie des associés d'une société par actions ayant pour objet de régir diverses situations pouvant intervenir au cours de la vie sociale.

Il peut viser le capital social (règles concernant les transferts, les ventes et les rachats d'actions) ou les droits de vote (conventions de vote).

D. L'augmentation des capitaux propres par offre de titres financiers au public

L'offre au public de titres financiers (OPTF) est constituée par l'une des opérations suivantes :

- une communication adressée sous quelque forme et par quelque moyen que ce soit à des personnes et présentant une information suffisante sur les conditions de l'offre et sur les titres à offrir de manière à mettre un investisseur en mesure de décider d'acheter ou de souscrire ces titres financiers ;
- un placement de titres financiers par des intermédiaires financiers.

Il existe trois grandes formes de placement :

- les introductions en Bourse ;
- la cession de blocs de titres ;
- l'augmentation de capital.

2 La particularité des quasi-fonds propres

Les quasi-fonds propres sont une notion qui n'apparaît que dans les comptes individuels du référentiel français (PCG). Dans les comptes en IFRS, ils sont classés économiquement soit en fonds propres, soit en dettes.

A. Le classement en quasi-fonds propres

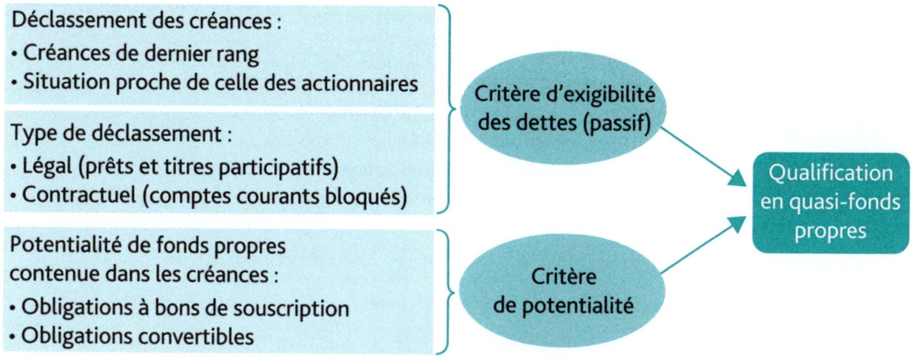

B. La composition et les caractéristiques des quasi-fonds propres

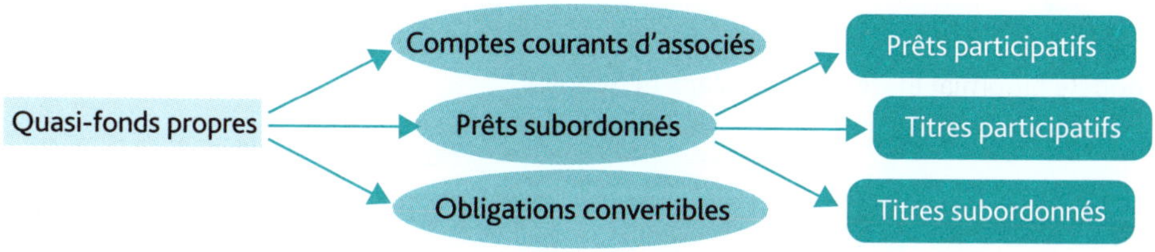

Les comptes courants d'associés bloqués

Définition

Les **comptes courants d'associés bloqués** sont des avances de fonds réalisées par les associés qui ne sont assimilables à des fonds propres que s'ils ont vocation à rester dans l'entreprise.

Sous certaines conditions, ces comptes courants constituent un moyen de financement simple, nécessitant très peu de formalités administratives et dont la rémunération proposée aux associés est avantageuse.

Les prêts subordonnés

Prêts participatifs	• Ils sont qualifiés de « participatifs » dans le sens où ils donnent un droit de participation aux résultats de l'entreprise. • Ils ne sont remboursés qu'après désintéressement complet de tous les autres créanciers. • Leur rémunération est composée d'une partie fixe et éventuellement d'une partie variable qui s'exerce sous la forme d'un prélèvement prioritaire sur le bénéfice distribuable avant toute autre affectation.
Titres participatifs	• Ils sont souvent assimilés à des obligations. • Ils ne sont remboursés qu'après remboursement de l'ensemble des créanciers. • Leur rémunération comprend une partie fixe et une partie variable qui peut être fonction de la croissance du chiffre d'affaires, de la production ou encore du résultat net.

Titres subordonnés	• « Valeurs mobilières [qui] ne seront remboursées qu'après désintéressement des autres créanciers, à l'exclusion des titulaires de prêts participatifs et de titres participatifs. » • Lorsque la société émettrice ne réalise pas de bénéfice (ou ne verse pas de dividende), le paiement des intérêts peut être différé. • Il existe trois grandes catégories de titres subordonnés : – les TSDI (titres subordonnés à durée indéterminée) ; – les TSR (titres subordonnés remboursables) ; – les TS « reconditionnés » (une partie du produit de l'émission est affectée).

Les titres hybrides de type obligataire utilisant les bons de souscription

Définition

Les **bons de souscription** sont des titres financiers permettant de souscrire pendant une période donnée, dans une proportion et à un prix fixés à l'avance, à un autre titre financier (action, obligation, voire un autre bon). Dès l'émission, les bons sont cotés séparément.

Pour évaluer les bons de souscription, on utilise généralement des modèles dérivés du modèle binomial et de celui de Black et Scholes.

Intérêt des bons de souscription

Émetteur

Amélioration de la structure financière : l'exercice progressif des bons de souscription entraîne la création de titres, donc une augmentation du capital.

Détenteur

Il peut jouer la hausse du sous-jacent avec un certain nombre d'avantages (mise de fonds réduite, perte maximale connue d'avance, spéculation, etc.).

▶ **Exemple**

Un investisseur a acheté 400 actions d'une société. Au 5 janvier N, cette société a décidé d'accorder gratuitement des bons de souscriptions d'actions (BSA) à raison d'un bon par action détenue à cette même date.

L'investisseur a le droit de souscrire à une action au prix de 3 € contre 20 BSA au cours d'une période s'achevant le 1er juillet N.

Le 27 mars N, les cotations de l'action et du BSA font apparaître des valeurs respectives de 4 € et 0,50 €

L'investisseur dispose de trois possibilités :

– exercer les BSA et souscrire à 20 (400/20) actions nouvelles à 3 € ;
– vendre les BSA détenus ;
– ne rien faire, c'est-à-dire attendre avant de prendre une décision.

D'un point de vue conceptuel, un bon est assimilable à une option d'achat (*call*) vendue par une société sur des actions à émettre ou existantes. Le prix d'exercice de cette option est le

prix auquel le détenteur du bon peut acheter le titre financier correspondant et l'échéance de l'option est celle du bon.
La valeur d'un bon est donc la somme d'une valeur intrinsèque (différence entre le prix actuel du titre financier pouvant être acquis et le prix d'exercice du bon) et d'une valeur temps :
- valeur intrinsèque = (4 – 3)/20 = 0,05 €
- valeur temps = 0,5 – 0,05 = 0,45 €.

La valeur intrinsèque mesure l'intérêt à exercer les BSA immédiatement alors que la valeur temps mesure les anticipations à la hausse du cours de l'action. Cette dernière étant très élevée, il semble que le marché anticipe une augmentation de la valeur de l'action. ◂

Les bons révèlent un certain nombre de particularités, c'est pourquoi les opérateurs sur les marchés utilisent des modèles dérivés du modèle binomial et de celui de Black et Scholes.

Les obligations convertibles

Définition

Une **obligation convertible** est une obligation « classique » qui donne au souscripteur, pendant la période de conversion, la possibilité de l'échanger contre une ou plusieurs actions de la société émettrice.

Les autres titres hybrides de forme obligataire

Obligations échangeables en actions	Ce sont des obligations émises par une société et remboursables en actions d'une autre entreprise qu'elle détient en portefeuille.
Obligations convertibles à tout moment	Ce sont des titres qui peuvent être, à l'initiative du porteur, convertis en actions de la société selon les modalités convenues dans le contrat d'émission.
OCEANE	Obligations convertibles en actions nouvelles ou échangeables en actions existantes.
ORANE	• Obligations remboursables en actions nouvelles ou existantes. • Dans le cas où des actions nouvelles sont remises aux investisseurs, l'opération s'apparente à une augmentation de capital différée.

LE + DE L'EXPERT

Un bon de souscription peut être attaché à l'émission d'une action (ABSA/ABSO) ou d'une obligation (OBSA/OBSO) ou encore émis et attribué gratuitement aux actionnaires.

23 Les financements bancaires et obligataires

Mots-clés

Crédit syndiqué • Dette bancaire • Euro PP • Obligation verte

1 Le financement bancaire

A. La diversité de l'offre proposée par les établissements de crédit

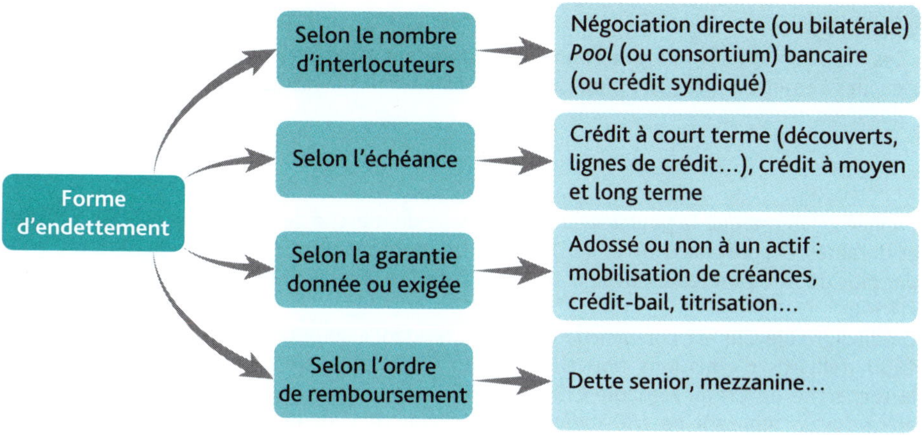

B. Le cas du crédit syndiqué

Définition

Le crédit syndiqué est un crédit délivré au minimum par deux prêteurs offrant les mêmes termes et conditions, dans un contrat de crédit unique qui permet de lever des fonds importants.

Usuellement, le crédit fait l'objet d'une syndication auprès d'un groupe bancaire représenté par l'arrangeur du financement. Chacun des établissements acquiert une participation dans le crédit et devient le créancier direct de l'emprunteur.

2 Le financement obligataire

A. L'emprunt obligataire

Ce sont des titres de dette négociables émis par une personne morale (publique ou privée) apportant un intérêt et remboursable à une date et à un montant fixés à l'avance.

Obligation à taux fixe	Elle offre un revenu régulier et connu à l'avance. Mais il existe risque de perte en capital en cas de cession lors d'une hausse des taux d'intérêt.
Obligation à taux variable	Elle est référencée par rapport à un indice (*Euribor*, *Libor*). Cela permet de pallier le risque de perte en capital de l'obligation à taux fixe.
Obligation indexée	Le coupon et/ou le remboursement du capital varient en fonction d'un élément dépendant de l'activité de la société émettrice.

B. Les obligations responsables

Définition

Les **obligations vertes** ou *green bonds* correspondent à des obligations classiques pour lesquelles l'émetteur s'engage à utiliser les fonds pour des investissements ou des dépenses positives.

▶ **Exemple**

L'année 2018 marque la poursuite du dynamisme du marché des obligations vertes, sociales et durables. D'après les chiffres de Dealogic, un montant total de €149 milliards a été émis par plus de 300 émetteurs, avec en tête la Chine (16 %), les États-Unis (14 %) et la France (11 %).

Crédit Agricole CIB est convaincue que cette tendance se poursuivra en 2019 et table sur €180 milliards d'émissions nouvelles. Erwan Créhalet analyste en obligations vertes à la recherche de Crédit Agricole CIB explique : « *Le volume continuera à croître et devrait atteindre un montant de 180 milliards en équivalent euro en 2019, notamment grâce à l'activité des émetteurs asiatiques et des sociétés non financières. En 2018, le marché a attiré des émetteurs affichant des proofils de plus en plus variés* ».

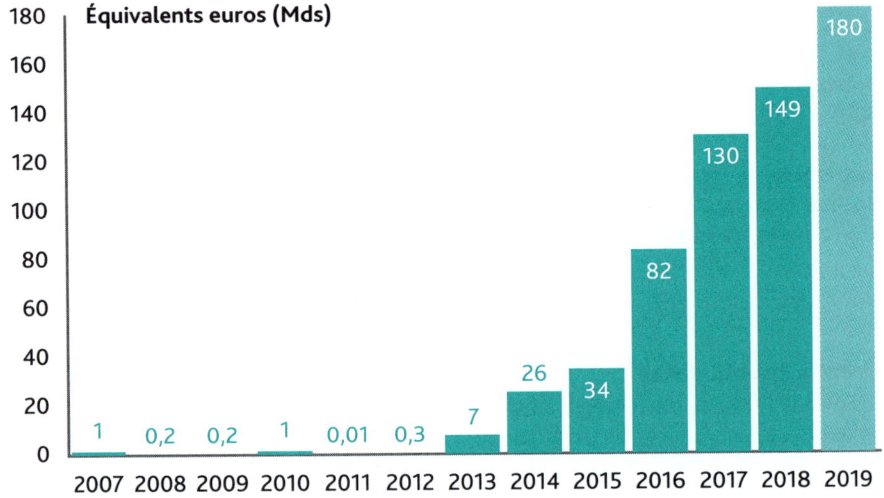

Source : Presse.credit-agricole.com.

C. Le cas de l'Euro PP

Définition

L'euro-private placement (**Euro PP**) est une opération de financement à moyen ou long terme entre une entreprise, cotée ou non, et un nombre limité d'investisseurs institutionnels, qui repose sur une documentation *ad hoc* négociée entre l'emprunteur et les investisseurs, avec généralement la présence d'un arrangeur.

Caractéristiques et avantages de l'Euro PP

Caractéristiques de l'Euro PP

- Financement *in fine* se présentant sous la forme d'une dette obligataire simple, cotée ou non cotée sur un marché.
- Investisseurs : compagnies d'assurances, sociétés de gestion levant des fonds auprès des mutuelles, caisses de retraite, *family offices*, etc.
- Durée moyenne du financement : 5 à 8 ans

Avantages de l'Euro PP

- Clauses moins restrictives qu'une documentation bancaire
- Outil de financement non dilutif
- Outil complémentaire aux financements bancaires et à la levée de fonds auprès d'investisseurs en capital

3 L'arbitrage entre l'emprunt bancaire classique et l'emprunt obligataire

Il s'agit d'étudier les déterminants du choix entre :
- l'émission d'obligations sur un marché ;
- le recours aux emprunts bancaires indivis.

A. Les critères « pragmatiques »

Le choix entre intermédiation bancaire et accès direct au marché dépend :
- du coût du financement et du montant emprunté ;
- de la relation prêteur/emprunteur ;
- de la durée de l'emprunt et de la mise à disposition des fonds ;
- des conditions de refinancement, etc.

B. Les critères favorables à la dette bancaire

Relation suivie avec l'entreprise
+ montant des sommes inversties
→ les banquiers commerciaux sont incités à surveiller les actions managériales afin de s'assurer de la capacité de remboursement de l'entreprise.

Grand nombre de détenteurs d'obligation
→ problème de coordination : itérêts collectif à surveiller les activités des dirigeants, aucune incitaion individuelle suffisante pour faire cet effort (*passager clandestin*).

Dette bancaire

Augmentation de l'asymetrie d'information[1] entre les investisseurs et les dirigeants
→ augmentation de l'intérêt de l'entreprise de recourir à la dette bancaire plutôt qu'à la dette obligatoire.

Incitation imparfaite pour les dirigeants à maximiser la valeur de l'entreprise
+ marge de manœuvre plus restreinte de la dette bancaire[2]
→ plutôt choix de la dette obligatoire pour les dirigeants.

Incitation plus forte pour les banques à solutionner les difficultés financières de l'entreprise + coordination plus aisée entre banques[3]
→ situations de renégociation de la dette ou de la liquidation de l'entreprise lorsque dette bancaire.

(1) C'est-à-dire lorsque les investisseurs doivent fournir un effort important pour comprendre la nature des activités de l'entreprise ou la stratégie envisagée par les dirigeants.

(2) Les obligations sont en effet assorties de contraintes juridiques (les covenants) plus souples quand elles existent que celles attachées aux crédits bancaires ; elles ont une échéance moyenne plus longue, etc.

(3) Dans la mesure où la détention des créances n'est aussi dispersée que celles des obligations.

LE + DE L'EXPERT

La **dette bancaire** rend globalement la surveillance des choix des dirigeants d'entreprise plus efficace.

24 Le financement public

Mots-clés

Aide publique • Bpifrance • Crédit d'impôt • French Tech • Subvention

1 Les aides financières publiques proposées aux entreprises

Les pouvoirs publics proposent une grande étendue d'aides et de dispositifs d'accompagnement aux entreprises, à tous les stades de leur développement.

A. Les aides financières

De nombreuses aides publiques, nationales ou locales, accessibles *via* un répertoire centralisé.

▶ Exemple

Les PME peuvent obtenir des subventions afin de couvrir une partie des dépenses de leur projet d'innovation sous forme d'aides nationales ou régionales (agences régionales d'innovation par exemple). ◀

B. Les mesures d'accompagnement

Les entreprises peuvent également bénéficier d'accompagnements spécifiques selon leur projet ou leur situation.

C. Les aides en cas de difficulté

Des dispositifs sont également mis en place en cas de difficulté transitoire.

D. Les allégements fiscaux

Parmi les allégements fiscaux, notons notamment le crédit d'impôt Recherche et le crédit d'impôt Innovation (ces crédits d'impôt varient au gré des lois de finance).

Crédits d'impôt

Crédit d'impôt Recherche (CIR)	• C'est une mesure générique de soutien aux activités de recherche et développement (R&D) des entreprises, sans restriction de secteur ou de taille. • Les entreprises qui engagent des dépenses de recherche fondamentale et de développement expérimental peuvent bénéficier du CIR en les déduisant de leur impôt sous certaines conditions. Le taux du CIR varie selon le montant des investissements.
Crédit d'impôt Innovation (CII)	C'est une extension du CIR, s'applique aux dépenses liées aux prototypes et installations pilotes de produits nouveaux des PME.

2 Le rôle central de la Banque publique d'investissement (Bpifrance)

Définition

Bpifrance est un organisme français de financement et de développement des entreprises-finançant les entreprises de l'amorçage jusqu'à la cotation en Bourse, en passant par la transmission, en crédit, en garantie et en fonds propres.

Bpifrance accompagne également les entreprises à l'export, en partenariat avec Business France et Coface, et dans leurs projets d'innovation.

Types d'interventions de Bpifrance (www.bpifrance.fr)

Financement en haut de bilan	Financement en bas de bilan
• Fonds d'investissement « directs » • Investissement indirect en « fonds de fonds »	• Cofinancement en partenatiat avec les banques et les organismes de fonds propres • Financement court terme • Garantie des prêts et des investissements • Innovation (subventions, avances remboursables, prêts à taux zéro…) • International (assurance, export…)
Financements bancaires	**Financement de l'accès aux fonds propres**
• Prêt d'amorçage[1] • Prêt pour l'innovation[2] • Prêt sans garantie • Garantie innovation • Mobilisation du crédit d'impôt Recherche	• Qualification « entreprise innovante » pour les FCPI • Garanties des interventions en fonds propres

(1) D'un montant de 50 000 à 70 000 €, les prêts participatifs d'amorçage sont d'une durée de 8 ans avec 3 ans de différé de remboursement afin de préparer l'intervention de sociétés de capital-risque (venture capital).

(2) Bpifrance propose deux types de prêts pour le financement de l'innovation :

a. Prêts Croissance : prêts d'une durée de 7 ans avec différé de remboursement de 2 ans, d'un montant de 300 000 à 5 millions d'euros en complément de financements bancaires ou d'apports en fonds propres d'investisseurs de montants équivalents. Ces prêts servent à financer des opérations de croissance externe, des dépenses de recrutement et de formation et le BFR.

b. Prêts Avenir : prêts d'une durée de 8, 9 ou 10 ans avec différé de remboursement de 1, 2 ou 3 ans, d'un montant de 1 à 5 millions d'euros en complément de financements bancaires ou d'apports en fonds propres d'investisseurs de montants équivalents.

▶ Exemple

Après une levée de 26 millions d'euros en janvier, Doctolib, leader de l'e-santé en Europe, annonce un nouveau tour de table de 35 millions d'euros. Au total, la société a réuni 61 millions d'euros en 2017, soit l'investissement le plus important du secteur de l'e-santé en Europe et le troisième tous secteurs confondus en France cette année. Cette levée de fonds a été réalisée auprès de Bpifrance, déjà présent au capital, et d'Eurazeo, une des premières sociétés d'investissement européennes, également présente aux États-Unis. Grâce à cet apport, Doctolib souhaite accélérer son développement en France et en Allemagne et lancer de nouveaux services pour changer la santé des Européens (d'après bpifrance.fr). ◀

3 Le soutien public aux start-up : la French Tech

Définition

Lancée fin 2013, la French Tech s'adresse à tous ceux qui travaillent pour des start-up françaises, en France ou à l'étranger. Avec cette initiative, l'État souhaite fédérer tous les acteurs engagés autour des start-up afin de structurer la dynamique française et la faire rayonner à l'international.

La Caisse des dépôts et consignations (CDC), Bpifrance et Business France sont également associés à l'initiative French Tech.

A. Les métropoles French Tech

Treize territoires français (en dehors de Paris et de sa région) ont reçu le label « Métropoles French Tech » en 2014 et 2015.

B. Les réseaux thématiques French Tech

En juillet 2016, neuf réseaux thématiques French Tech ont été créés afin d'accompagner les entrepreneurs français (HealthTech, FinTech, EdTech, etc.).

C. Les hubs French Tech

Il s'agit de zones géographiques situées aux quatre coins du globe qui ont pour vocation de favoriser l'installation de start-up à l'international et de promouvoir l'attractivité de la France auprès des investisseurs locaux.

▶ Exemple

L'objectif de l'initiative French Tech Tremplin est d'optimiser les chances de populations jusqu'ici sous-représentées dans ce milieu en mobilisant des financements, des formations et un système de mentorat. French Tech Tremplin se décline en deux programmes distincts (www.frenchtechtremplin.com, *voir page suivante*) :

Programme Prépa	Programme Incubation
• Une bourse : 17 000 €, dont 5 000 € maximum pour couvrir vos dépenses courantes – le reste étant consacré à la formation et au développement de votre entreprise. • Un parrain ou une marraine : vous serez mis en contact avec un entrepreneur reconnu de l'écosystème French Tech local. Il vous ouvrira son réseau et sera votre guide tout au long du parcours. • Un espace de *coworking* : vous aurez accès à un bureau dans des locaux de la French Tech. • Le sens du collectif : des ateliers de prototypage aux sessions de mentorat, vous partagerez (presque) tout avec votre promotion de 10 à 18 entrepreneurs. • Un travailleur social par promotion. Il vous accompagnera et vous aidera dans vos éventuelles demandes d'allocations supplémentaires.	• Des financements même sans fonds propres : 30 000 € pour votre entreprise. • Un membre de la French Tech dans votre conseil d'administration : l'entrepreneur reconnu que nous aurons choisi y siégera bénévolement pendant toute la durée du programme. • L'accès à un accélérateur ou incubateur partenaire : vous y serez hébergé sans frais pendant un an (valeur : 12 000 €). • L'intégration à une promotion : elle se réunit au moins une fois par mois, pour des dîners avec des intervenants ou encore des rencontres avec des investisseurs. • Un expert en financement : un spécialiste de la BPI vous accompagnera dans votre première levée de fonds.

LE + DE L'EXPERT

Bpifrance, ce sont 27,5 Mds € d'actifs gérés ou conseillées et 4,3 Mds € d'investissements (Bpifrance, 2018).

25 Le capital-investissement (*private equity*)

Mots-clés

Business angel • **Capital-investissement**

Définition

La notion de capital-investissement renvoie aux activités d'investissement en fonds propres réalisées dans les sociétés non cotées. Cette expression regroupe en fait plusieurs types d'activité, chacune reprenant les différentes phases de la vie des entreprises.

1 Caractéristiques du capital-investissement

A. Le champ d'action du capital-investissement

Il consiste en une prise de participation en capital dans des entreprises non cotées pour financer leur démarrage ou leur croissance, leur survie ou leur changement de mains.
Il permet de soutenir une entreprise non cotée à trois niveaux :
- apport du financement et des capitaux nécessaires à son développement ;
- accompagnement du management lors des décisions stratégiques à prendre ;
- aide à la création de valeur pour les actionnaires et dirigeants.

B. Le rôle du capital-investisseur

Apportant conseils et appui stratégique au management, le capital-investisseur est un soutien fondamental de l'entreprise non cotée tout au long de son existence.
Il doit être capable de :
- provoquer l'intérêt des investisseurs privés ;
- estimer correctement la valeur de l'entreprise et les rendements futurs ;
- structurer la transaction qui va aboutir à l'entrée de capitaux privés dans l'entreprise ;
- participer à la direction de l'entreprise dans la période suivant la transaction (contacts, conseils, etc.) ;
- préparer la sortie (introduction en Bourse, cession de l'entreprise non cotée à un groupe, etc.).

Son objectif est de réaliser ensuite une plus-value en capital lors de la vente des actions à la date de sortie. Par conséquent, ce remboursement ne pèse pas sur les entreprises financées (pas d'endettement).

▸ Exemple

Un capital-investissseur doit évaluer la valeur d'une start-up qui débute son activité dans le domaine des biotechnologies. La phase de démarrage (capital-risque) doit durer 3 ans et la phase de développement suivante (capital-développement) devrait être très longue car le marché est porteur. Cette firme est une filiale créée par un grand groupe qui ne souhaite pas s'endetter davantage.
Le Bêta du secteur est assez élevé compte tenu de la volatilité des titres observée : il est de 2,3.
La rémunération des obligations d'État est de 3 % et la prime de risque du marché de 4,71 %.
Concernant ces deux phases, les flux de trésorerie attendus prévus seraient de 2 500, 3 100, 3 800 k€ pendant les trois premières années ; à la fin de la 4e année, le flux serait de 4 400 k€ avec un taux annuel de croissance espéré ensuite de 9 %.

Compte tenu de l'incertitude entourant la première phase, il est convenu de tenir compte d'une prime de risque de 5 % pour l'évaluation des flux de trésorerie de cette phase uniquement. Comme la société n'est pas endettée, le taux d'actualisation est le coût des fonds propres et le Bêta du secteur sera le bêta de ses titres. Le MEDAF donne :

$i = 3\ \% + 4{,}71\ \% \times 2{,}3 = 13{,}83\ \%$

On doit retenir dans cette première phase la prime de risque qui donc être rajoutée soit : 13,83 % + 5 % = 18,83 %.

L'actualisation des flux de cette période donne donc :

$2\,500(1 + 18{,}83\,\%)^{-1} + 3\,100(1 + 18{,}83\,\%)^{-2} + 3\,800(1 + 18{,}83\,\%)^{-3} = 6\,563{,}90$

Lors de la deuxième période, les flux doivent croître à un taux constant de 9 %.

À la fin de l'année 4, il faut ajouter à 4 400 la valeur terminale des flux actualisée de cette période sera la valeur du flux année 5 (4 400 × 1,09 = 4 796) actualisé au taux de 13,83 % – 9 % = 4,83 % soit 99 296,06.

On a donc, au début de l'année 1, l'actualisation de la première période et celle du flux de l'année 4, au taux de 13,83 % : (4 400 + 99 296,06) / (1 + 13,83 %)4 = 61 763,98.

La valeur de cette start-up sera donc de 68 327,88 k€. ◂

C. Les domaines d'action du capital-investissement

On distingue plusieurs domaines en matière de capital-investissement :

- Participation à la création ou au développement de petites entités à fort potentiel de croissance (start-up) ou sur un secteur innovant.
- Aide au développement de l'entité à l'issue du capital-risque.
- Aide aux opérations de consolidation ou de transmission (rachat de parts, *Leverage buy-out*, etc.).
- Rachat et recapitalisation des entreprises en difficulté.
- Introduction en Bourse.

Les domaines du capital-investissement

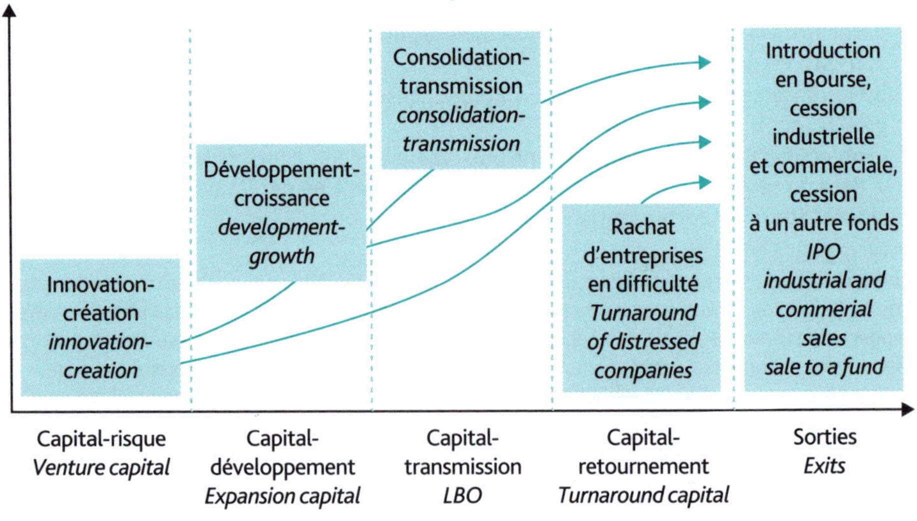

2 Le financement du capital-investissement

Le financement est opéré essentiellement par fonds propres (très peu d'investisseurs en dette).

A. Les caractéristiques du financement

Suivant les phases du capital-investissement, les caractéristiques du financement sont les suivantes :

Amorçage	Financement destiné à une entreprise avant sa création (frais préalables à une création d'entreprise, *seed capital*).
Création	L'entreprise peut être en phase de création ou au tout début de son activité. Elle n'a pas commercialisé son produit. Le financement est destiné au développement du produit.
Postcréation	L'entreprise a déjà achevé le développement d'un produit et a besoin de capitaux pour en démarrer la fabrication et la commercialisation. Elle ne génère encore aucun profit.
Développement	L'entreprise a atteint son seuil de rentabilité et dégage des profits. Les fonds seront employés pour augmenter ses capacités de production et sa force de vente, développer de nouveaux produits, financer des acquisitions et/ou accroître son fonds de roulement.
Transmission et succession	Cette catégorie inclut les différents types de *buy-out* ainsi que les rachats d'entreprises par les salariés. Les capitaux sont destinés à permettre l'acquisition par la direction existante ou par une nouvelle équipe, et par leurs investisseurs, d'une société déjà établie. Cela peut être également un financement visant à créer une société holding afin d'acquérir une ou plusieurs entreprises existantes, notamment dans le cadre de successions.
Rachats de positions minoritaires	Rachats d'actions détenues par des actionnaires minoritaires ou par d'autres opérateurs en capital-investissement

B. Les différents investisseurs en capital-investissement

L'entrepreneur lui-même

C'est le premier d'entre eux avec son épargne personnelle, parfois complétée par un emprunt gagé sur ses biens propres.

Il est possible de bénéficier de l'accueil d'un incubateur de projet qui pourra mettre à sa disposition un local et des services (moyennant une rémunération généralement sous forme d'un petit pourcentage du capital).

*Les proches (*love money*)*

Ce sont les fonds, généralement apportés à la création d'une entreprise, par les amis et la famille. Ces fonds permettent de lancer l'entreprise et de lui donner les moyens de concevoir, tester et lancer son concept/produit/service avant d'attirer, en cas de succès, des financements supplémentaires. Les sommes concernées sont en général de quelques dizaines ou centaines de milliers d'euros.

Les particuliers (**Business angels**)

Les *Business angels* peuvent être :

- des entrepreneurs qui souhaitent aider d'autres entrepreneurs ;
- des dirigeants ou cadres, en activité ou retraités, ayant une forte expérience managériale ou une bonne connaissance du secteur ;
- les membres d'une même famille regroupés en investisseurs, etc.

Les *business angels* sont organisés en réseaux ou en sociétés (sociétés d'investissement de *business angels*, SIBA).

Les fonds de capital-investissement

Ce sont des sociétés ou des OPVCM spécialisés tels que les sociétés de capital-risque (SCR), les fonds communs de placement à risque (FCPR), etc.

C. L'intervention des différents acteurs dans le financement

Chaque type d'investisseur a vocation à intervenir à des stades différents du développement de la jeune entreprise.

Cycle de développement de l'entreprise et capital

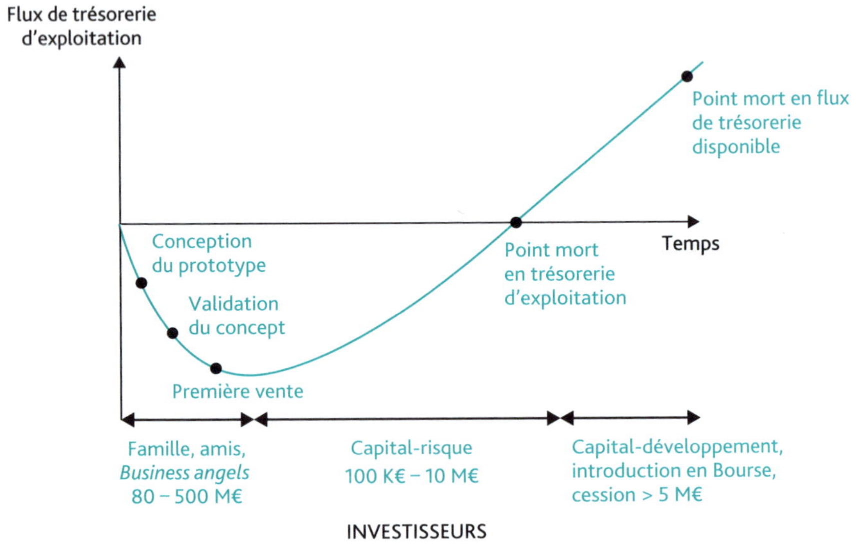

LE + DE L'EXPERT

La France est le deuxième marché européen du capital-investissement, juste derrière le Royaume-Uni.

26 Le choix d'une structure de financement

Mots-clés

Capitaux propres • Dette mezzanine • Dette subordonnée • Financement intermédiaire • Valeur de l'entreprise

1 L'analyse comparée de l'endettement et des fonds propres

A. Le rôle des fonds propres

La fonction première des capitaux propres est de financer une partie des investissements d'une firme (↪ fiche 22). Le montant des capitaux propres est également à considérer comme une garantie vis-à-vis des tiers et notamment des créanciers de l'entreprise qui cofinancent les investissements. Il permet de juger la capacité d'une firme à recourir à l'endettement (taux d'endettement, degré de solvabilité, etc.).

B. Le ratio Dettes/Fonds propres

Dettes	Fonds propres
• Droit fixe • Forte priorité sur les flux nets de trésorerie (FNT) • Intérêts déductibles • Durée de vie fixe • Absence de contrôle du management	• Droit résiduel • Faible priorité sur les FNT • Absence d'intérêts déductibles • Durée de vie infinie • Contrôle du management

C. Le financement intermédiaire entre dettes et capitaux propres

L'élaboration de certains montages financiers plus complexes nécessite des financements intermédiaires qui s'ajoutent au financement bancaire classique.

- Financement bancaire « classique »
- Financement intermédiaire
- Capitaux propres

Mécanismes d'option, bons de souscription et de conversion :
⇒ **Dilution du capital** ⟷ Financement intermédiaire

Vers le financement intermédiaire :
- Augmentation du volume de financement total : recours aux titres hybrides
- Augmentation de durée de l'endettement
- Amplification d'un éventuel effet de levier financier
- Réalisation d'un montage financier « sur mesure »
- Maximisation de la sécrétion de flux de trésorerie

Organisation du financement intermédiaire

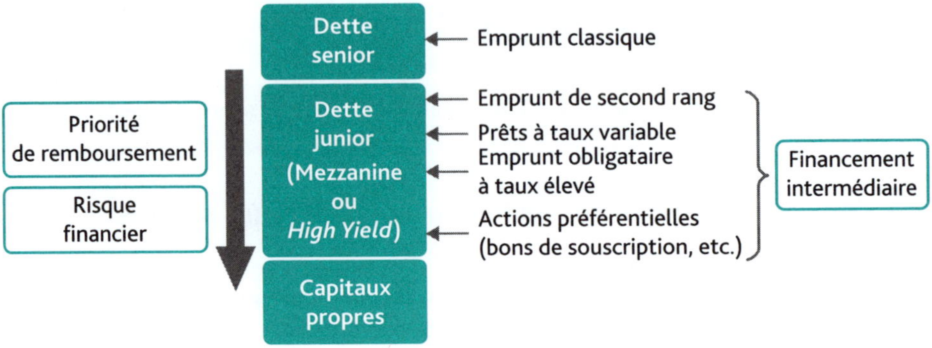

Le **financement intermédiaire** est un financement sur mesure à mi-chemin entre la dette et le capital qui s'interpose ainsi entre la dette et les capitaux propres :

- il est subordonné à la dette senior ;
- sa rémunération est supérieure ;
- il peut être assorti d'un mécanisme qui permet au prêteur d'accéder à terme à une quote-part du capital de la société (bons de souscription d'actions par exemple).

Définition

Une **dette** est dite **subordonnée** lorsque son remboursement dépend du remboursement initial des autres créanciers. En contrepartie du risque supplémentaire accepté, les créanciers subordonnés exigent un taux d'intérêt plus élevé que les autres créanciers.

D. Les critères d'arbitrage entre dettes et fonds propres

Le choix entre endettement et autofinancement est effectué selon plusieurs critères majeurs :

- La flexibilité financière. Il s'agit du souhait de conserver une capacité de financement au cas où des événements positifs (opportunités d'investissement) ou négatifs (crise) surviendraient.
- La notation financière. Il s'agit du souhait des directeurs financiers de maintenir une notation minimale pour ne pas entraîner une augmentation du coût de la dette.
- Les caractéristiques économiques du secteur de l'entreprise, son niveau de développement, le partage coûts fixes/coûts variables ou la nature de l'actif à financer. Le recours à l'endettement, et donc la structure financière, dépend du cycle de vie de l'entreprise.
- La position des actionnaires et le caractère des dirigeants. Selon leur degré d'aversion au risque, leur capacité financière et leur volonté de conserver ou non leur degré de contrôle, les actionnaires favoriseront l'endettement ou le recours aux augmentations de capital.
- La situation de la conjoncture économique. Les taux d'intérêt réels élevés (respectivement faibles) et une croissance faible (respectivement forte) de l'activité incitent les firmes à se désendetter (respectivement à s'endetter).
- La structure financière des concurrents. Le choix d'une structure financière ne se fait pas dans l'absolu mais de manière relative, par rapport à la moyenne du secteur.

2 L'impact de la structure financière sur la valeur de la firme

Une entreprise crée de la valeur à condition que la rentabilité de ses actifs économiques soit supérieure au coût de ses ressources financières (coût du capital, CMPC).

Plus le coût des ressources de l'entreprise sera faible (le CMPC), plus l'entreprise aura de valeur : existe-t-il une structure financière (D/C) optimale qui minimise le coût du capital et, par conséquent, maximise la valeur de l'entreprise ?

A. Le choix d'une structure financière dans le cadre de marchés parfaits (Modigliani et Miller, 1958)

La neutralité de la structure financière. Sous l'hypothèse d'un marché parfait en l'absence de fiscalité, Modigliani et Miller démontrent que la valeur d'une firme est la même quel que soit son mode de financement.

Pour deux entreprises strictement identiques hormis leur structure financière (l'une endettée, E_D, l'autre pas, E_{ND}), on a $V_D = V_{ND}$.

Le rendement du capital et rendement des capitaux propres. La rentabilité des fonds propres, R_C, liée à la rentabilité des actifs économiques R_{AE}, augmente proportionnellement avec le taux d'endettement $\frac{D}{C}$ (le coût de la dette i étant égal au taux des actifs non risqués) :

$$R_C = R_{AE} + (R_{AE} - i)\frac{D}{C}$$

Le coût moyen pondéré du capital est indépendant des financements. Il est propre aux actifs de l'entreprise RAE :

$$CMPC = R_{AE}$$

B. La prise en compte de la fiscalité dans le choix d'une structure financière (Modigliani et Miller, 1958)

L'incidence de la structure de financement. La déductibilité des intérêts permet une économie d'impôt.

Si l'on appelle T le taux d'imposition, Modigliani et Miller montrent que :

$$V_D = V_{ND} + D \times T$$

En situation d'imposition, la valeur de l'entreprise endettée est égale à la valeur de l'entreprise non endettée, augmentée de l'économie d'impôt induite par la dette.

Le coût des capitaux propres de l'entreprise endettée. La rentabilité des capitaux propres R_C devient :

$$R_C = R_{AE} + (R_{AE} - i)\frac{D}{C}(1 - T)$$

Le coût du capital de l'entreprise endettée. Le recours à l'endettement permet de diminuer le coût du capital :

$$CMPC = R_{AE}\left[1 - \frac{TD}{C + D}\right]$$

Mais, à partir d'un certain niveau d'endettement, un supplément de dette n'entraîne qu'une baisse très faible du CMPC.

▸ **Exemple**

Sur un secteur d'activité donné, on examine la situation financière de deux firmes A et B qui, bien qu'ayant les mêmes résultats et actifs économiques, ont des structures financières différentes :

	Actif économique (AE)	Capitaux propres (C)	Endettement (D)
A	100	80	20
B	100	60	40

La rentabilité de leurs actifs économiques est de 9,35 %.
Le taux sans risque est de 3,5 %. C'est à ce taux que les firmes peuvent s'endetter. ◂

Calcul du coût des fonds propres et du coût moyen du capital en absence d'imposition

On utilise la relation $R_C = R_{AE} + (R_{AE} - i)\frac{D}{C}$

$$RC_A = 9{,}35\,\% + (9{,}35\,\% - 3{,}5\,\%)\frac{20}{80} = 10{,}81\,\%$$

$$\text{et } RC_B = 9{,}35\,\% + (9{,}35\,\% - 3{,}5\,\%)\frac{40}{60} = 13{,}25\,\%$$

Pour le coût moyen du capital :

$$\text{Pour A, on a } CMPC = \frac{80 \times 10{,}81\,\% + 20 \times 3{,}5\,\%}{100} = 9{,}35\,\%$$

$$\text{Pour B, on a } CMPC = \frac{60 \times 13{,}25\,\% + 40 \times 3{,}5\,\%}{100} = 9{,}35\,\%$$

On retrouve bien le même CMPC quelle que soit la structure financière en absence d'imposition, conformément aux propositions de Modigliani et Miller.

Hypothèse d'imposition à 25 %

On utilise la relation $R_C = R_{AE} + (R_{AE} - i)\frac{D}{C}(1 - T)$:

$$RC_A = 9{,}35\,\% + (9{,}35\,\% - 3{,}5\,\%)\frac{20}{80}(1 - 25\,\%) = 10{,}45\,\%$$

$$\text{et } RC_B = 9{,}35\,\% + (9{,}35\,\% - 3{,}5\,\%)\frac{40}{60}(1 - 25\,\%) = 12{,}27\,\%$$

Pour le coût moyen du capital :

$$\text{Pour A, on a } CMPC = \frac{80 \times 10{,}45\ \% + 20\,(1 - 25\ \%) \times 3{,}5\ \%}{100} = 8{,}88\ \%$$

$$\text{Pour B, on a } CMPC = \frac{60 \times 12{,}27\ \% + 40\,(1 - 25\ \%) \times 3{,}5\ \%}{100} = 8{,}41\ \%$$

On observe bien une diminution du CMPC lorsque l'on augmente le levier financier, ce que l'on peut retrouver avec la relation $CMPC = R_{AE}\left[1 - \frac{TD}{C + D}\right]$.

C. Les limites de la prise en compte de la fiscalité dans le choix d'une structure de financement

Les coûts de faillite. Des facteurs de coût apparaissent quand l'endettement devient élevé. Dans ce cas, ce risque de faillite, ou de défaillance, va entraîner des coûts, encore appelés coûts de faillite, qui vont neutraliser l'avantage lié à la fiscalité des intérêts.

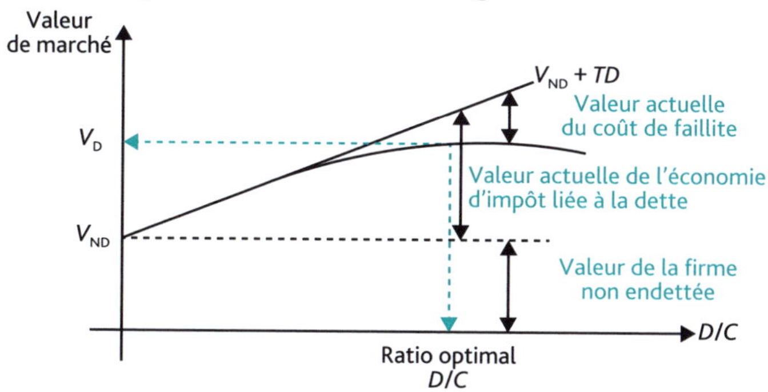

La fiscalité personnelle des investisseurs. Si l'on se place au niveau des investisseurs, plus particulièrement les actionnaires, il faut alors tenir compte de la fiscalité personnelle des agents sur leurs revenus.

D. Les autres éléments explicatifs du choix d'une structure de financement

La théorie de l'agence (↪ fiche 11). L'endettement stimule les dirigeants par le respect des échéances de la dette, d'où l'impact sur la gestion et la rentabilité.

La théorie du financement hiérarchique (ou *Pecking Order Theory*). Parmi les sources de financement ayant un coût, il s'agit de choisir en priorité celles qui présentent le coût le plus faible. Selon cette théorie, les dirigeants favoriseraient l'autofinancement à l'endettement et n'augmenteraient le capital qu'en dernier ressort.

Le choix d'une structure cible d'endettement. Certains auteurs indiquent qu'il existerait un ratio cible qui constituerait une sorte d'objectif en matière de politique d'endettement, que celui-ci soit choisi ou contraint.

LE + DE L'EXPERT

Le choix d'une structure financière a donné lieu à une littérature abondante en finance d'entreprise.

27 Les intérêts, les enjeux et l'organisation de la trésorerie de groupe

Mots-clés

Cash management • Centralisation de trésorerie • *Cloud computing* • Compte centralisateur • *Pooling* • Système de gestion de trésorerie

1 La trésorerie d'un groupe

Définition

Une centralisation de trésorerie est un système qui permet de faire une remontée automatique de l'ensemble des soldes et des écritures des différents comptes bancaires qui appartiennent à l'ensemble des sociétés du groupe sur un compte unique, appelé « compte centralisateur ».

La centralisation de trésorerie est informatisée (virements, appels de fonds, etc.) sur la périodicité choisie, en principe au jour le jour.

A. Les objectifs d'une centralisation de trésorerie

La centralisation de trésorerie vise essentiellement à :

- Contrôler les opérations et les frais financiers en optimisation les coûts malgré la complexité du groupe et/ou la décentralisation des responsabilités.
- Organiser le circuit de l'information pour prévoir dépenses et recettes des différentes filiales, et ce, afin de renforcer l'efficacité de la trésorerie tout en démultipliant les niveaux d'activité opérationnelle.
- Équilibrer les comptes et les soldes en implantant une double organisation de gestion : une gestion des variations quotidiennes et une gestion globale des comptes du groupe.

B. L'avantage d'une centralisation de trésorerie

La centralisation de trésorerie permet notamment :

- Une gestion optimale des recours au crédit bancaire (capacité financière plus importante, obtention de taux d'intérêt plus compétitifs, émissions d'instruments sur les marchés monétaires ou obligataires, etc.).
- Une gestion optimale dans le placement des excédents (meilleurs taux de rémunération et placements plus diversifiés, meilleure gestion des risques, etc.).
- Une expertise technologique plus forte et un recours à des investissements en systèmes d'information plus rationnels.

2 Les techniques de centralisation

Il existe plusieurs techniques de centralisation permettant de transférer des comptes secondaires sur un compte centralisateur unique. Les tâches confiées à la trésorerie centrale reposent sur un système d'information (SI) pertinent entre la société mère et les filiales qui peut passer par une centralisation :

- de la gestion des besoins et des excédents de trésorerie ;
- de la gestion des soldes bancaires (*cash pooling* réel/notionnel) ;
- des opérations de change et de taux ;
- des paiements.

A. Le *cash management*

Définition

Le *cash management* est un système qui permet d'effectuer une remontée des soldes et/ou des écritures de plusieurs comptes dits secondaires appartement aux sociétés d'un groupe sur un compte centralisateur unique.

Dans un système de cas management, la responsabilité de la gestion des liquidités est transférée du groupe à la trésorerie centrale qui est chargée d'optimiser les financements et les placements à court terme de l'ensemble du groupe en s'appuyant sur l'information obtenue des banques par connexions bancaires. Dénommé « *pooling* », ce système peut être mis en place au niveau national ou international.

B. Les types de *pooling*

ZBA (*Zero Balancing Account*) équilibrage zéro	Débit ou crédit de chaque compte de participant pour obtenir un solde nul
TBA (*Target Balancing Account*) équilibrage cible	• Nivellement des comptes lorsque leur solde est supérieur à un seuil fixé au préalable. • Apurement systématique des soldes débiteurs. • Absence de centralisation en deçà du seuil minimal.
FBA (*Fork Balancing Account*)	• Fixation d'un montant préalable. • Nivellement de tous les soldes créditeurs et débiteurs à concurrence de ce seuil.
Cash-pooling	Deux types : – *cash-pooling* notionnel (*notional pooling*). – *cash-pooling* sans transfert de fonds.

C. Les principaux instruments de paiement

Le paiement n'est pas opéré par les mêmes moyens selon qu'il est effectué à l'échelle nationale/régionale ou internationale.

Moyens de paiement pour une opération financière nationale

Espèces	Rares, sauf pour de petits règlements.
Carte bancaire	Pour de petits montants et pour les pays pourvus d'une technologie avancée et sécurisée (puce électronique).
Chèque	• Système de compensation Lock Box, simple d'utilisation mais avec des inconvénients (risque de perte, de non-paiement ou de délais d'acheminement importants créant un risque de change). • En net recul dans les entreprises.
Virement	• SEPA (ou SEPAmail). • Virement bancaire international (de type SWIFT), moyen le plus simple, le plus rapide et le plus sécurisé mais qui reste coûteux pour de petits montants et n'est lié à aucun document contractuel.
Prélèvement	• Moyen de paiement dont l'initiative de l'émission et du transfert de fonds reste entre les mains du créancier et qui demande à sa banque de régler le débiteur. • Alternative du VCOM, virement commercial automatisé et prévu.
Billet à ordre relevé (BOR)	Crédit par lequel l'importateur s'engage à payer une somme déterminée à l'ordre de l'exportateur.
Autres instruments	Principaux instruments à l'international (remise documentaire, crédit documentaire, lettre de crédit *stand-by*).

Les instruments à l'international sont principalement : la remise documentaire, le crédit documentaire, la lettre de crédit *stand-by*.

3 La pertinence du *reporting* et des systèmes d'information (SI)

A. Le *reporting* dans un groupe

Définition

Le *reporting* est un document que doit construire le trésorier pour établir le lien entre ce qui avait été prévu et ce qui a été réalisé pour en informer sa direction.

Comme n'importe quel tableau de bord prévisionnel, le *reporting* a pour objectif de dévoiler les écarts existants de manière à prendre des mesures correctives. Il n'existe pas de modèle standard, chaque entité centralisatrice étant libre de l'adapter à son contexte et à ses besoins. En revanche, il impose d'être en liaison avec la comptabilité financière pour des raisons pratiques de compatibilité des systèmes d'information.

Trois types de *reporting* peuvent être proposés :

- un *reporting* axé sur les flux de trésorerie, notamment les flux d'investissement et de financement ;
- un *reporting* des risques de change, de taux et de contrepartie ;

- un *reporting* de performance financière car la fonction de trésorerie est aujourd'hui perçue comme un centre de profit et non comme une fonction support.

La périodicité du *reporting* est libre. Néanmoins, il est plus fréquent de rencontrer des *reporting* trimestriels, mensuels ou hebdomadaires, chaque période n'étant pas exclusive.

L'outil informatique reste la clé de voûte de l'architecture organisationnelle de la centralisation de la trésorerie, laquelle passe par :

- l'organisation des circuits d'information au sein du périmètre concerné par la centralisation de trésorerie ;
- l'implantation d'un logiciel de trésorerie groupe ;
- la nécessité d'avoir des outils de connexion bancaire qui permettent d'assurer le transfert d'information et la sécurité des paiements.

B. Les outils d'aide à la décision

Définition

Un système de gestion de trésorerie (TMS, *Treasury Management System*) est une solution informatique permettant aux entreprises de gérer leurs liquidités, leurs opérations financières et les risques associés.

Les principaux progiciels de gestion intégrés (ERP, *Enterprise Ressource Planning*) sont SAGE, Diapason, Fidrys, Finastra, Kyriba, ACA, Neofi, Exalog.

Le cloud computing

Définition

Le *cloud computing* est l'accès, *via* un réseau de télécommunications en libre-service, à des ressources informatiques partagées configurables.

Le *cloud computing* permet la délocalisation de l'infrastructure informatique. Cette technologie repose sur un ensemble de processus visant à utiliser la puissance de calcul et/ou de stockage de serveurs informatiques distants. Les services *cloud* apparaissent sous différentes formes, de l'IaaS (infrastructure en tant que service) au Saas (logiciel en tant que service) en passant par le PaaS (plateforme en tant que service).

La connectivité bancaire

La dématérialisation des instruments de trésorerie implique une sécurisation des transferts de données. Pour communiquer avec les banques, les entreprises privilégient des réseaux spécialisés de type EBICS ou SWIFT par rapport aux connexions directes (*Host-to-Host*, FTP) ou aux systèmes Web.

▶ Exemple

Le réseau SWIFT, sur la base de logiciels fournis par SWIFT, offre un chiffrage des communications par clés privées, un filtrage du trafic par clés RMA, voire un service de preuve (tiers de confiance) en fonction du protocole utilisé. ◀

4 Les principaux supports de placement de trésorerie

A. Les produits proposés par les intermédiaires financiers

Produits	Caractéristiques
Dépôts à terme	Somme bloquée sur un compte. Durée minimum d'un mois. Rémunération libre, fixée entre les parties.
Bons de caisse	Mêmes caractéristiques le dépôt à terme mais le bon de caisse peut être soit nominatif, soit au porteur.
SICAV monétaires	• Parts de SA dont le capital est variable. Investis en titres du marché monétaire (BT, NEU CP, etc.). • Diversification des risques assortie d'une rentabilité très faible compte tenu des taux d'intérêt.
FCP	Copropriétés de valeurs mobilières. Fonctionne de manière analogue aux SICAV mais avec des valeurs liquidatives de part plus élevées.

B. Le marché des titres de créances négociables

Le marché des titres de créances négociables a fait l'objet d'une réforme en profondeur en mai 2016.

Caractéristiques des titres négociables

	Maturité	Montant et taux	Émetteurs
NEU CP	1 jour à 1 an	• 150 000 € (si documentation pas en français : 200 000 €) • Rémunération libre	• Entreprises • Établissements financiers • Organismes de titrisation • Collectivités et État
NEU MTN (*Medium Term Notes*)	1 an et plus	• 150 000 € (si documentation pas en français : 200 000 €) • Rémunération libre	• Entreprises • Établissements financiers • Organismes de titrisation • Collectivités et État
BTF ou BTN (bon du Trésor à taux fixe ou bon du Trésor négociable)	13, 26 ou 52 semaines	• Intérêts fixes et précomptés • Valeur nominale : 1 € • Montant minimal de négociation : 1M€ • Taux de rendement à 3 décimales	Agence France Trésor pour l'État

LE + DE L'EXPERT

En amont d'un système de *pooling* international, il convient de s'assurer de la maîtrise des problèmes législatifs nationaux et de la comptabilité entre réglementations locales.

28 Les marchés des produits dérivés

Mots-clés

Contrat à terme • Contrat de swap • Couverture • Option • Marché à terme • Produit dérivé • Swap de taux d'intérêt • Swap sur crédit • Volatilité

1 La notion de dérivés

Définition

Un produit dérivé est un instrument financier – ferme ou conditionnel – qui cumule les trois caractéristiques suivantes :

- il fluctue de manière importante en raison de paramètres externes (taux d'intérêt, indices macro-économiques, change, etc.) mais également en fonction de l'instrument sur lequel il se réfère, appelé « sous-jacent » ;
- il n'exige pas de mise de fonds importante ;
- il ne se dénoue qu'à une date future.

Il existe trois grandes familles de produits dérivés :

- les produits issus de la famille des contrats à terme (*futures* pour les marchés organisés ; *forward* pour les marchés OTC) ;
- les produits issus de la famille des options ;
- les produits issus de la famille des swaps.

2 Les marchés dérivés des contrats à terme

Définitions

- Un contrat à terme est un engagement ferme et définitif d'acheter ou de vendre une certaine quantité d'actif (le sous-jacent : actions, devises, indices, taux d'intérêt, contrat à terme, *commodities*, etc.) à une échéance donnée et à un prix convenu à l'avance.
- Un marché à terme est un marché sur lequel les intervenants échangent des anticipations, des risques et des informations.

Un marché à terme est avant tout destiné à couvrir une position « incertaine » prise sur un actif – analogue à un contrat d'assurance – sans devoir décaisser une prime importante. Seul un dépôt de garantie récupérable est exigé pour intervenir sur ce type de marché.

A. Le contrat à terme de taux d'intérêt sur Euribor 3 mois

Le contrat à terme Euribor 3M standardisé permet de couvrir un engagement en prenant une position inverse à celle de l'évolution anticipée sur les taux d'intérêt de court terme. Il a une valeur unitaire de 1 million d'euros et il est coté :

Prix du contrat à terme = 100 – Taux Euribor 3M

- Si le taux Euribor 3M vaut 2 %, alors le contrat à terme vaut : 100 – 2,00 % = 98,000.
- Si le taux Euribor 3M remonte à 3,25 %, alors le contrat à terme vaut : 100 – 3,25 % = 96,750.

Hausse des taux d'intérêt	Baisse du prix du contrat à terme
Baisse des taux d'intérêt	Hausse du prix du contrat à terme

▶ Exemple

Le taux Euribor 3 mois est à 1,55 % au 1er juin. Un trésorier, sachant qu'il doit emprunter 5 M€ dans 3 mois – au 1er septembre – pour une durée de 3 mois, décide de se couvrir car il craint une remontée des taux d'intérêt. Il vend des contrats à terme à 3 mois. Trois mois plus tard, les taux sont à 2,35 %. Il rachète les contrats vendus.

- 1er juin : taux à 1,55 %. Prix des CAT : 100 – 1,55 % = 98,450
- 1er septembre : taux à 2,35 %. Prix des CAT : 100 – 2,35 % = 97,650

	Marché au comptant	Marché à terme
1er juin	Taux Euribor : 1,55 %	Vente de 5 CAT à 98,450
1er septembre	Taux Euribor : 2,35 %	Achat de 5 CAT à 97,650
Résultat	Surcoût de : (1,55 % – 2,35 %) × 5 M€ × 90/360 = – 10 000 €	Gain de : (98,45 – 97,65) × 5 CAT × 1 M€ × 90/360 = + 10 000 €

La couverture sur le marché à terme permet de compenser la perte sur le marché au comptant.

Protection contre la hausse des taux	**Vente** de contrats à terme de taux
Protection contre la baisse des taux	**Achat** de contrats à terme de taux

B. Le contrat à terme sur indice CAC 40

Ce contrat permet de couvrir un portefeuille diversifié. Il s'agit d'une prise d'engagement sur un prix d'indice à payer (pour l'acheteur) ou à recevoir (pour le vendeur) avec un règlement en espèces à l'échéance. Il permet de compenser les pertes sur les actions par un gain sur le contrat à terme si le portefeuille de titres est corrélé à l'indice. Ce contrat est évalué à : 10 € × Valeur de l'indice CAC 40.

▶ Exemple

Le 1er juin, l'indice CAC 40 vaut 5 900 points. Le contrat à terme sur indice CAC 40 pour l'échéance septembre cote 5 830 points, ce qui signifie que les opérateurs anticipent une baisse de l'indice CAC 40 à 5 830 points en septembre.
Vous anticipez une baisse du marché. À l'échéance de septembre, le cours de liquidation est à 6 100 points.
Juin : Engagement de vente : 5 830 points × 10 € = 58 300 €.
Septembre : Engagement d'achat : 6 100 points × 10 € = 61 000 €.
En tant que vendeur, vous avez perdu 2 700 €. ◀

3 Les marchés dérivés des contrats d'options

Définition

Une **option** confère à son détenteur le droit – et non l'obligation – d'acheter (option d'achat) ou de vendre (option de vente) une certaine quantité d'actif (le sous-jacent : actions, devises, indices, taux d'intérêt, contrat à terme, *commodities*, etc.) à un prix convenu à l'avance (prix d'exercice), à tout moment (option à l'américaine) ou à une échéance donnée (option à l'européenne), moyennant le versement d'une prime (prix de l'option). En contrepartie, le vendeur de l'option reçoit la prime – valeur de l'option – et doit s'exécuter car il est contraint par l'acquéreur.

Différentes options peuvent être mixées (stratégies combinées) de manière à obtenir une combinaison optimale ou une position de couverture parfaite. Il s'agit également de réduire les coûts – achat d'options qui nécessite un versement de primes – en les compensant par des ventes d'options qui impliquent des encaissements de primes.

▸ Exemple

Un gestionnaire tente de spéculer en jouant sur la **volatilité** du titre EAF. À cette fin, il vend un *call* et un *put* de mêmes caractéristiques (mêmes prix d'exercice et échéance).
Vous disposez des informations suivantes :

- Prix du *call* : 5 € ; prix du *put* : 6 € ; prix d'exercice : 50 € ; échéance : juin N ; prix du support : 48 €.
- Coût de la couverture/Gain de la spéculation :

– Vente 1 *call* à 50 € : encaissement de : 1 × 5 € = 5 € ;
– Vente 1 *put* à 50 € : encaissement de : 1 × 6 € = 6 € ;
– Total : montant encaissé = 11 €.

Prix d'exercice	Prime versée	*Call* 50 résultat	*Put* 50 résultat	Résultat
65	11	– 15	NS	– 4
60	11	– 10	NS	+ 1
55	11	– 5	NS	+ 6
50	11	0	0	+ 11
45	11	NS	– 5	+ 6
40	11	NS	– 10	+ 1
35	11	NS	– 15	– 4

Tant que le cours de l'action EAF reste compris entre 39 € et 61 €, le gestionnaire encaisse les primes de la vente des options. Il est perdant si les cours d'écartent, c'est-à-dire montent à plus de 60 € ou chutent à moins de 39 €. Il a joué la stabilité du sous-jacent. Cette stratégie porte le nom de « *stellage* ». ◂

4 Les marchés dérivés des contrats de swaps

Définition

Un **contrat de swap** a pour objet de modifier l'exposition à un risque de taux et/ou de change. C'est un engagement ferme entre deux parties.

Il existe trois grandes catégories de swaps.

Principales catégories de swaps

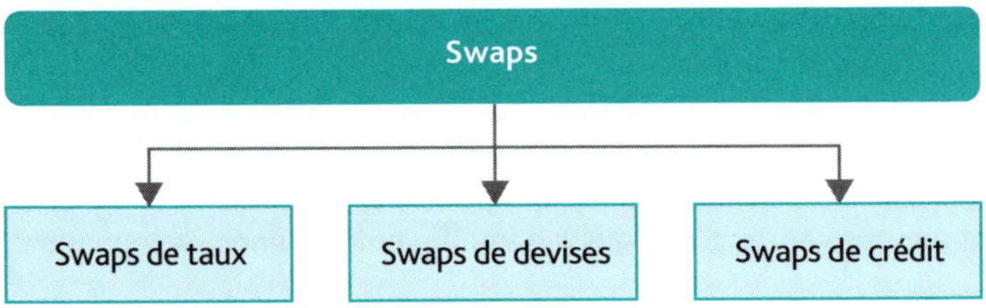

A. Les swaps de taux d'intérêt

Définition

Un **swap de taux d'intérêt** consiste en une opération d'échange entre deux emprunteurs de payer leurs intérêts respectifs dans une même monnaie et portant sur un montant, une durée et un échéancier de versement déterminés à l'avance.

Il s'agit d'un prêt et emprunt croisés, sur des bases de taux différentes. Il existe deux catégories de swaps de taux :

- le swap de taux fixe contre taux variable ou le swap de taux variable contre taux fixe ;
- le swap de taux variable contre un autre taux variable.

▸ Exemple

Le groupe EDF a émis un emprunt obligataire de 1 Md€ à taux variable (TAM + 0,4 %), avec un remboursement *in fine* du principal (le capital emprunté), dans 5 ans dont 3 restent à courir. Le trésorier, redoutant une hausse des taux dans les prochains jours, décide de procéder à un swap de taux. Il va « swaper » cet emprunt. Pour cela, il va échanger son taux variable (à ce jour, le TAM qui est de 2,2 %) contre un taux fixe de 2,5 %. Le montant et la durée du swap sont identiques au niveau de l'emprunt obligataire (1 Md € sur 3 ans).

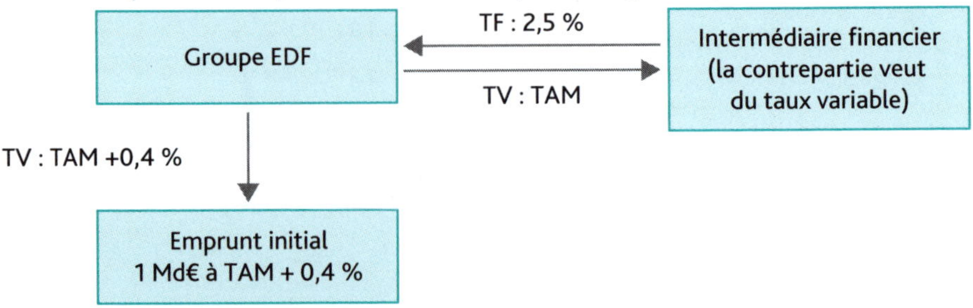

Le versement des intérêts au niveau de l'emprunt obligataire initial demeure : il est de TAM + 0,4 %. Le groupe Total va verser un taux fixe à l'intermédiaire de 2,5 %. L'intermédiaire, qui a des anticipations inverses au niveau de l'évolution des taux d'intérêt ou qui exécute l'ordre d'un autre client, va verser du taux variable au groupe EDF, en échange de recevoir du taux fixe.
Le coût de l'emprunt pour le groupe EDF devient alors : TAM + 0,4 % + (2,5 % – TAM) = 2,9 %
Si les taux continuent à monter (ex. : un TAM à 3,5 %), alors le groupe Total subira un coût de 2,9 % et non de 3,5 %, d'où une économie annuelle de 0,4 % de 1 Md€ ! En réalité, seul le différentiel de taux est versé à celui qui en bénéficie. ◂

B. Le swap sur crédit ou défaut de paiement (CDS, *Credit Default Swap*)

Définition

Le **swap sur crédit** est un instrument par lequel l'acheteur de la protection contre une défaillance d'une contrepartie, paie à un tiers un flux régulier et reçoit de ce tiers un paiement défini à l'origine en cas de survenance de la défaillance.

Avec le swap, le risque de crédit est transféré, contre rémunération, de l'acheteur de la protection (une entreprise, un investisseur, une banque, une maison de titres, un *hedge fund*, etc.) à un tiers qui peut être un investisseur (*hedge fund*, fonds d'investissement), une compagnie d'assurances, etc.

▸ **Exemple**

La banque BNP Paribas souhaite couvrir une créance de 10 M€ qu'elle possède sur l'entreprise Imorys, société spécialisée dans la fabrication de piles de haute technologie. Elle achète un contrat de swap de crédit sur le marché interbancaire auprès d'AGF. Ce contrat prévoit que BNP Paribas verse un montant trimestriel de 0,2 % de l'actif sous-jacent (jambe fixe du swap) et qu'en contrepartie AGF verse un flux égal à 0 si Imorys ne fait pas défaut et un flux égal à la valeur faciale moins la valeur de recouvrement si Imorys fait défaut (jambe variable du swap). À l'échéance, le règlement se fait par un différentiel de trésorerie.

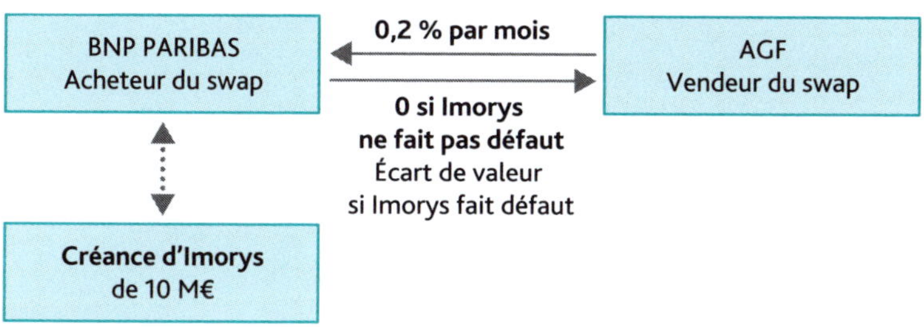

LE + DE L'EXPERT

Un *hedge fund* est un fonds de placement collectif moins réglementé qu'un fonds d'investissment classique.

29 Le marché des options négociables

Mots-clés

Actif • Actif sous-jacent • Option • Option à l'américaine • Option à l'européenne • Prime • Prix d'exercice • Prix du sous-jacent

1 Les fondements des options

Définitions

- Un actif (entreprise, projet, action, obligation, actif immobilier, etc.) n'a de valeur que par la somme des flux de revenus futurs actualisés qu'il génère.
- Une option donne le droit – et non l'obligation – à son détenteur d'acheter (option d'achat) ou de vendre (option de vente) une certaine quantité d'actif (le sous-jacent : actions, devises, indices, taux d'intérêt, contrat à terme, *commodities*, etc.) à un prix convenu à l'avance (prix d'exercice), à tout moment (option à l'américaine) ou à une échéance donnée (option à l'européenne), moyennant le versement d'une prime (prix de l'option). En contrepartie, le vendeur de l'option reçoit la prime – valeur de l'option – et doit s'exécuter car il est contraint par l'acquéreur.

Option d'achat et option de vente

Position	Option d'achat (*call*)	Option de vente (*put*)
Acheteur de l'option	Droit d'acheter l'actif sous-jacent au prix d'exercice fixé dans le contrat	Droit de vendre l'actif sous-jacent au prix d'exercice fixé dans le contrat
Vendeur de l'option	Obligation de livrer l'actif sous-jacent au prix d'exercice fixé dans le contrat	Obligation de livrer l'actif sous-jacent au prix d'exercice fixé dans le contrat

2 Les caractéristiques des options

A. Les deux types d'options

L'option à l'américaine (*American option*), qui peut être exercée à tout moment entre la date d'émission et la date d'échéance, s'oppose à l'option à l'européenne (*European option*), laquelle ne peut être exercée qu'à la date d'échéance. Cette dernière est donc moins chère.

Définitions

- Le prix du sous-jacent (*spot*) est le prix au comptant de l'actif sur lequel porte le contrat d'option qui peut faire l'objet ou non d'une cotation sur un marché.
- Le prix d'exercice (PE ou *strike*) est le prix fixé dans le contrat de l'option (↪ fiche 28).

B. Le fonctionnement des options

Le prix d'exercice peut résulter d'une négociation dans le cas d'un marché de gré à gré ou d'une standardisation dans le cas d'un marché organisé. Le prix d'exercice est fonction de l'évolution du cours du sous-jacent et donne un indice sur la valeur de l'option.

Configurations possibles pour les options

	Option d'achat – *Call*	Option de vente – *Put*
PE = *Spot*	Option à la monnaie (*At the money*)	Option à la monnaie (*At the money*)
PE > *Spot*	• Option en dehors de la monnaie (*Out of the money*) • L'option n'a aucun intérêt à être exercée.	• Option dans la monnaie (In the money) • L'option peut être exercée.
PE < *Spot*	• Option dans la monnaie (*In the money*) • L'option peut être exercée.	• Option en dehors de la monnaie (Out the money) • L'option n'a aucun intérêt à être exercée.

Les échéances (*maturity*) sont fonction de la nature de l'actif sous-jacent. Elles peuvent être mensuelles, trimestrielles ou annuelles.

Le prix de l'option est dénommé « prime » (*premium* ou valeur de l'option). La prime, versée par l'acheteur au vendeur, résulte d'un calcul de prix théorique à partir d'un modèle mais peut s'en écarter par le jeu de la négociation ou de la spéculation boursière. Ce versement définitif n'est pas récupérable. Les options sont négociées auprès de spécialistes appelés « teneurs de marché » (*market makers*).

3 Les stratégies simples à base d'options

Il existe quatre stratégies ou positions de base.

- l'achat d'une option d'achat (*call*) ;
- la vente d'une option d'achat (*call*) ;
- l'achat d'une option de vente (*put*) ;
- la vente d'une option de vente (*put*).

Stratégie d'achat/vente d'options

	Option d'achat – *Call*	Option de vente – *Put*
Achat	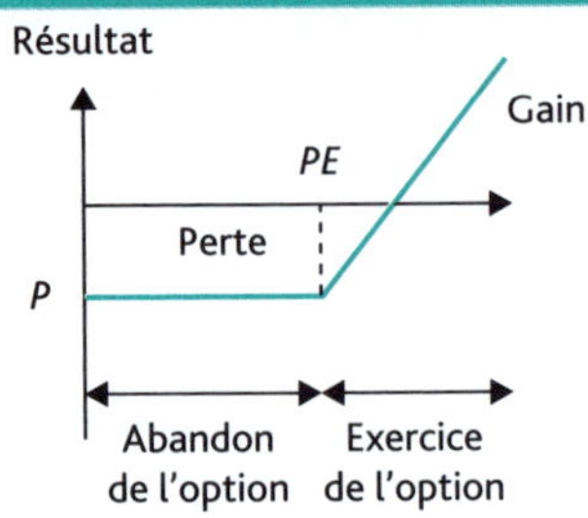	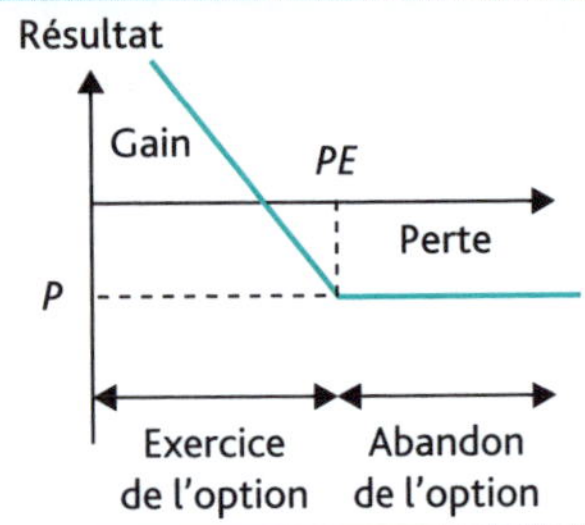

	Option d'achat – *Call*	Option de vente – *Put*
Scénario	Anticipation d'une hausse du cours sous-jacent	Anticipation d'une baisse du cours sous-jacent
Stratégie	• Gain : illimité (en théorie) • Perte : limitée au montant de la prime • Résultat = Prix du sous-jacent – Prix d'exercice – Prime versée	• Gain : illimité (en théorie) • Perte : limitée au montant de la prime • Résultat = Prix d'exercice – Prix du sous-jacent – Prime versée
Vente	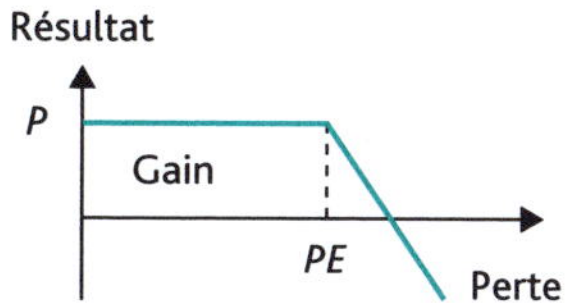	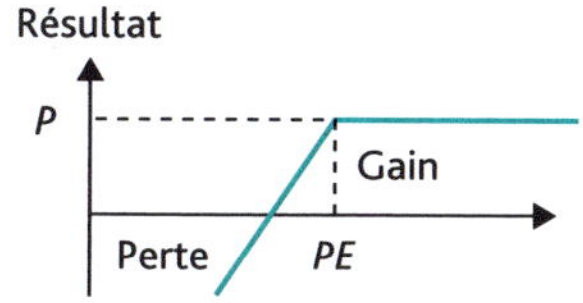
Scénario	Anticipe une stabilité du cours du sous-jacent ou une baisse et que l'option ne soit pas exercée	Anticipe une stabilité du cours du sous-jacent ou une hausse et que l'option ne soit pas exercée
Stratégie	• Gain : limité à la prime reçue • Perte : illimitée (en théorie) • Résultat = Prime reçue – (Prix sous-jacent – Prix d'exercice)	• Gain : limité à la prime reçue • Perte : illimitée (en théorie) • Résultat = Prime reçue – (Prix d'exercice – Prix sous-jacent)

P : prime ; *PE* : prix d'exercice

4 Les déterminants de la prime de l'option

La prime (*P* ou prix ou valeur) de l'option est la somme de deux éléments :

- une valeur intrinsèque ou fondamentale (*VI* : c'est le bénéfice réalisé) ;
- une valeur temps (*VT*) ou valeur spéculative.

$$P = VI + VT$$

A. La valeur intrinsèque

On a :

Prix du sous-jacent – prix d'exercice pour un *call*

Prix d'exercice – prix du sous-jacent pour un *put*

B. La valeur temps

On a :

Valeur temps = Prime de l'option – Valeur intrinsèque

$$VT = P - VI$$

Une option en dehors de la monnaie revêt une valeur intrinsèque nulle. À l'approche de l'échéance, l'option perd sa valeur temps.

▶ Exemple

À la suite d'une rumeur sur les marchés, un gérant d'un *hedge fund* pense que la société XXT va être la cible d'une OPA dans les prochaines semaines, ce qui provoquera une forte augmentation de l'action XXT. Mais cette information est incertaine et il souhaite également se prémunir contre une erreur de prévision. Dans ce cas, l'action XXT risque de baisser fortement.

Il ne souhaite pas investir sur cette opération plus de 25 000 € (prime versée) et souhaite une opération combinée, c'est-à-dire acheter autant d'options d'achat que d'options de vente. Chaque option porte sur 10 titres. Début juillet, l'action XXT cote 70 €.

– Le *call* présente les caractéristiques suivantes : prix d'exercice : 70 € ; prime : 2,70 €.

– Le *put* présente les caractéristiques suivantes : prix d'exercice : 70 € ; prime : 2,10 €.

Quelques semaines plus tard, on apprend que l'OPA ne s'est pas réalisée : le titre chute à 50 €.

Le nombre de *call* (X) et de *put* (Y) à acheter est : 2,7 X + 2,1 Y = 25 000 €

Si X = Y, alors on a : X = Y = 5 208

Il faut acheter 5 208 *call* et 5 208 *put*

- Si à l'échéance le cours chute à 50 €, alors on n'exerce pas les *call*. On aura perdu la prime de 25 000 €.
- En revanche, on exercera les *put*. Le gain brut réalisé est : (70 € – 50 €) × 5 208, soit 104 160 €. Sachant que l'on a versé une prime de 25 000 €, le gain net est de : 104 160 – 25 000, soit 79 160 €. ◀

LE + DE L'EXPERT

La valeur intrinsèque d'une option ne peut en aucun cas être négative.

30 La fraude et le blanchiment

Mots-clés

Blanchiment • COSI • Fraude • Tracfin

1 De la manipulation comptable à la fraude

La manipulation doit être différenciée de la fraude. La manipulation comptable se dénoue à travers la gestion du résultat (*earnings management*) et elle concerne :

- le lissage du résultat à travers les *accruals* ;
- la gestion du périmètre de consolidation avec les normes de consolidation (IFRS 10 et IFRS 11).

La fraude peut :

- être intentionnelle ou subie (chantage, extorsion, pression sur le management, etc.) ;
- concerner les entrées ou sorties d'argent ou n'être qu'un jeu d'écriture comptable et financier (elle n'est pas que synonyme d'argent) ;
- être répréhensible devant les tribunaux ou ne faire l'objet que d'un rappel ou d'une sanction disciplinaire.

Exemples de risque de fraude

	Incidences comptables et financières
Périmètre du groupe avec IFRS 11 et inclusion ou non de certains SPE (*Special Purpose Entities*)	La notion de contrôle et d'influence est difficile à démontrer. Choix arbitraires de certaines méthodes (co-entreprise ou co-activité ; SPE, etc.). Existence réelle de l'entité. Droits de vote réels. Paramétrage des systèmes d'information du groupe.
Communication financière et marketing	• Communication sur des indicateurs non GAAP et changeants. • Véracité des prévisions pour les sociétés cotées. Qualité de la gouvernance. Conflits d'intérêts dans le conseil d'administration. *Reporting* RSE défaillant. Manipulation des quotas d'émission de CO_2.
Prix de transfert intra-groupe et interco	Valorisation trop élevée de prix intra-groupe. Absence d'élimination des prix de transfert. Entités dans des pays à contrôle des changes. Corruption douanière. Fausse déclaration de livraison.
Cession d'actifs intra-groupe Refinancement intra-groupe *via* un *cash pooling*	Entités dans des zones off-shore. Utilisation d'un trustee. Plus-values d'actifs localisées dans certains territoires.
Activation de projets d'immobilisations corporelles ou incorporelles	Activation des coûts. Vérification des transferts des contrats de location avec IFRS 16. Calcul des valeurs recouvrables. Intégration de commissions. Calcul de la probabilité d'occurrence d'un avantage économique.
Activation de frais de recherche	Validité des critères.

	Incidences comptables et financières
Tests de dépréciation	Lissage des dépréciations (comptabilisation et reprise). Absence de tests.
Commande clients/fournisseurs, comptabilisation créanciers/fournisseurs, règlement clients/fournisseurs	• Création de faux clients/fournisseurs. Fausse vente ou vente à soi-même *via* une structure dissimulée. Paiement cash d'un fournisseur (cadeaux, liquides, etc.). Fausses factures. Principes du *matching*. • Cartographie des clients et calcul des risques. Manipulation des taux de TVA.
Comptabilisation des instruments financiers	Choix de classification des instruments. Choix de la méthode : coût amorti ou juste valeur. Choix du niveau de la juste valeur avec la méthode des flux. Taux d'intérêt effectif. Choix arbitraire de la durée et des taux d'actualisation. Utilisation abusive des produits dérivés.
Traitement du *goodwill* et tests de dépréciation	Démembrement de sociétés ou d'actifs au moment de l'acquisition (marque par exemple). Comptabilisation de *badwill*. Absence de test de dépréciation.
Divers	• Remboursement de frais. Abus de biens sociaux. Minoration de salaires. Avantages en nature. Interception de flux de trésorerie. • Accès non autorisé à certaines opérations. Dépenses non justifiées.

La prévention de la fraude s'opère par :

- la mise en place de procédures ;
- le contrôle du respect des procédures (contrôle interne, audit, *risk management*, comité d'audit, etc.) ;
- une cartographie du risque de fraude ;
- des actions de sensibilisation et de formation pour des salariés ;
- des textes réglementaires (ex. : loi Sapin).

2 Les techniques de lutte contre la fraude

A. La loi Sapin II

La loi Sapin II du 9 décembre 2016 est la loi relative à la transparence, à la lutte contre la corruption et à la modernisation de la vie économique. Elle traite de :

- la transparence (ex. : renforcement de la protection des lanceurs d'alerte) ;
- la lutte contre la corruption (création d'une agence nationale de prévention et de détection, renforcement des sanctions, etc.).

Elle concerne également :

- la modernisation de la vie économique (ex. : assouplissement des règles de déblocage des PERP pour les épargnants modestes) ;
- la possibilité de geler (pendant 6 mois maximum) ou de limiter les retraits sur un contrat d'assurance-vie en cas de crise financière menaçant la stabilité financière.

Définition

Un **lanceur d'alerte** est une personne signalant – de manière désintéressée et de bonne foi – un fait illicite ou des risques d'atteinte à l'intérêt général dont il a pris connaissance dans l'exercice de ses fonctions. Il peut notamment s'agir d'un crime, d'un délit, d'un risque grave pour la santé publique, etc.

Dans le cadre économique de la loi Sapin 2, l'objet de l'alerte peut être :

- une infraction de corruption ;
- le trafic d'influence ;
- la concussion ;
- la prise illégale d'intérêts ;
- le détournement de fonds publics ou le favoritisme.

B. Le rôle de Tracfin

Définition

Tracfin est un service de renseignement placé sous l'autorité du ministère de l'Action et des Comptes publics. Sa mission consiste à lutter contre les circuits financiers clandestins, le blanchiment d'argent et le financement du terrorisme.

Tracfin est chargé de recueillir et d'analyser les déclarations de soupçons que les professionnels assujettis sont tenus de lui déclarer. Tracfin travaille à partir d'études de cas qui révèlent des mécanismes de blanchiment présentant des caractéristiques communes et des pratiques similaires afin de les classer par famille homogène. À partir de cette analyse statistique, des indicateurs de vigilance sont mis en place et adressés aux professionnels afin qu'ils puissent faire enrayer le comportement des malfrats. Les professionnels concernés doivent déclarer à Tracfin dès qu'ils savent ou soupçonnent qu'une infraction passible d'une peine a été commise. Ils doivent s'assurer qu'ils ont un déclarant-correspondant auprès de Tracfin.

Les établissements financiers sont les premiers concernés. Ils ont une obligation de communication systématique d'informations (**COSI**) qui les conduisent à dénoncer :

- toutes opérations présentant un risque élevé de blanchiment ou de financement du terrorisme en raison du pays, de l'origine ou de la destination des fonds ;
- toutes les opérations de dépôts et de retraits d'espèces sur les comptes de dépôts et de retraits supérieures à 10 000 € cumulés sur un mois.

LE + DE L'EXPERT

La communication systématique d'informations (COSI) est réalisée par la déclaration en ligne (ERMES), sur le site de Tracfin.

31 Le contrôle interne et le management des risques

Mots-clés

Audit interne • Contrôle interne • *Risk management* • SOX

1 Le contrôle interne

Le contrôle interne s'appuie sur deux dispositifs :

- le contrôle de gestion qui, d'une part, recoupe les fonctions de calcul de coûts, de contrôle budgétaire et, d'autre part, assure les liens grâce aux tableaux de bord et de *reporting* avec la comptabilité financière et le secrétariat général ;
- l'audit interne qui a pour mission d'apprécier les risques et les contrôles mis en place.

Définitions

- L'**audit interne** est une activité indépendante et objective qui donne à une organisation une assurance sur le degré de maîtrise de ses opérations, lui apporte ses conseils pour les améliorer, et contribue à créer de la valeur ajoutée.
- Le **contrôle interne** est un processus mis en œuvre par les dirigeants et le personnel d'une organisation, à quelque niveau que ce soit, destiné à leur donner en permanence une assurance raisonnable que :
  - les opérations sont réalisées, sécurisées, optimisées et permettent ainsi à l'organisation d'atteindre ses objectifs de base de performance, de rentabilité et de protection du patrimoine ;
  - les informations financières sont stables ;
  - les lois, les réglementations et les directives de l'organisation sont respectées.

Éléments-clés du contrôle interne

	Objectifs
Environnement de contrôle	Il s'agit d'appréhender la maîtrise de risques par une démarche culturelle et comportementale : intégrité et éthique, l'exemplarité de l'attitude du management, la bonne définition du rôle de chacun et le respect des structures.
Évaluation des risques	La mise en œuvre de stratégies de maîtrise de risques adaptées impose une évaluation au préalable (cartographie des risques).
Activités de contrôle interne	• Il s'agit de réaliser des objectifs clairs, cohérents entre les missions du manager et la stratégie adoptée par l'entreprise. Il faut des moyens adaptés et un système d'information, afin de mesurer la réalisation des objectifs. • L'organisation doit mettre en œuvre le bon fonctionnement des moyens, des méthodes et des procédures pour bien effectuer les tâches définies. • Une supervision pour vérifier l'avancement des objectifs et les faire évoluer en fonction du contexte est nécessaire.

Information et la communication	Les activités de contrôle interne mentionnées ci-dessus doivent avoir lieu en concertation entre les différents acteurs de l'entreprise.
Pilotage du système	Mise en place d'outils opérationnels.

De nombreux textes visant à renforcer et à moderniser le contrôle interne ont vu le jour. On peut citer :

- la loi du 3 juillet 2008 sur le rapport du président sur le contrôle interne et sur le gouvernement d'entreprise au management des risques ;
- l'ordonnance du 8 décembre 2008 sur la présence de comités d'audit dans les sociétés cotées ;
- la mise à jour du référentiel de l'AMF sur le contrôle interne en 2010, en l'élargissant au management des risques ;
- le décret du 28 juin 2011 pour mise en place d'un dispositif de contrôle interne dans les ministères ;
- la mise à jour du référentiel de contrôle interne Coso I (*Committee Of Sponsoring Organizations of the Treadway Commission*) en 2012/2013 ;
- l'arrêté du 3 novembre 2014 pour le contrôle interne des banques ;
- le nouveau référentiel de management des risques Coso II en 2017 et la mise à jour de la norme ISO 31000 en 2018 sur le management des risques, laquelle englobe le contrôle interne.

2 Le management des risques selon le Coso II

Le nouveau texte du Coso, intitulé *Enterprise Risk Management (ERM) – Integrating with Strategy and Performance – Coso II* et publié en septembre 2017, a pour objectif d'améliorer les méthodes de gestion des risques et à les intégrer dans l'ensemble des fonctions des organisations. Il s'agit de créer une véritable culture du risque en management et en gouvernance. Ce nouveau texte propose un cadre pour le ***risk management*** :

- concevoir et mettre en place un contrôle interne ;
- évaluer l'efficacité du contrôle interne ;
- préparer et présenter les rapports liés au contrôle interne.

Le Coso II décompose le processus de gestion des risques en cinq grandes composantes et dix-sept principes associés. Les éléments de gestion des risques sont :

- L'environnement interne ou l'appétence au risque ;
- L'évaluation des risques, à travers :
  - la définition d'objectifs,
  - l'identification des événements,
  - l'évaluation des risques ;
- Les activités de contrôle ;
- L'information et la communication ;
- Le pilotage et/ou la supervision.

Le Coso II introduit la notion de *risk appetite* (appétence au risque) qui est le niveau de prise de risque accepté par l'organisation dans le but d'accroître sa valeur. Il propose une réflexion sur les risques tant au niveau le plus haut dans l'organisation (*entity*) qu'au niveau opérationnel (*business unit*). Il introduit la notion de portefeuille (*portfolio*) visant à identifier et à caractériser les risques à chaque niveau de l'organisation.

▶ **Exemple**

Extrait du document d'enregistrement universel 2021, Danone, p.35

Le contrôle interne est mis en œuvre par la Direction Générale, l'encadrement et les équipes opérationnelles de Danone et vise pour l'essentiel à assurer :

- le bon fonctionnement des processus internes de Danone, notamment ceux concourant à la sauvegarde des actifs et au dispositif anti-corruption introduit par la Loi Sapin II ;
- la conformité aux lois et règlements en vigueur ;
- la fiabilité des informations financières.

En 2020, Danone avait adapté son dispositif de contrôle interne et porté une attention toute particulière aux risques potentiels propres à la crise sanitaire du Covid-19, et ce, avec les fonctions en charge des processus opérationnels et l'audit interne. Ces risques avaient fait l'objet d'une sensibilisation accrue des équipes et leurs procédures de *testing* avaient été adaptées. En 2021, comme en 2020, il n'a pas été observé de signes de détérioration matériels du contrôle interne à l'échelle de Danone.

Le référentiel de contrôle interne utilisé par Danone est DANgo (*Danone Governing and Operating Processes*) qu'il a construit en 2003 et complètement revisité en 2018. Il couvre les processus opérationnels suivants : Ventes, Achats, Opérations, Ressources Humaines, Finance, Systèmes d'Information et Secrétariat Général et comprend une section Environnement de contrôle. Tous ces processus sont déclinés en 41 domaines de risques couverts par 96 points de contrôle interne (*Danone Internal Control Evaluations*). Pour chacun des domaines de risques, le référentiel précise les impacts potentiels pour Danone : dommages réputationnels, erreurs sur les états financiers, pertes financières, perturbations opérationnelles des activités opérationnelles et fraude.

La Direction de l'Audit interne mène des audits selon une approche par les risques, afin de s'assurer de la qualité de l'évaluation DANgo effectuée par les filiales. Ces missions, du fait des exigences accrues de conformité, identifient périodiquement des écarts d'appréciation dans l'évaluation de certaines filiales, qui font l'objet d'une communication auprès du management des Pôles et des fonctions clés. En 2021, la Direction Audit Interne a mené 41 missions d'audit interne dans des filiales ou fonctions transversales, sur la base d'un plan préalablement validé par le Comité d'Audit. Grâce à l'évolution d'un nouvel outil d'extraction, d'analyse et de mise en forme des données issues du système de gestion intégré de Danone, les équipes d'Audit Interne ont effectué 30 missions à distance, dans le contexte du Covid-19. Par ailleurs, la Direction Audit interne de Danone a vu sa certification externe délivrée par l'organisme indépendant IFACI (Institut Français de l'Audit et du Contrôle internes) renouvelée fin 2021. ◀

LE + DE L'EXPERT

Une synthèse du référentiel ERM du Coso est téléchargeable gratuitement sur le site de l'institution (document en anglais).

32 La politique de dividende

Mots-clés

Coût d'agence • Décision d'investissement • Dividende • Dividende exceptionnel • Effet clientèle • Politique de dividende • Valeur de la firme

1 Les théories explicatives de la politique de dividende

Définition

La politique de dividende concerne la décision de distribuer des flux de trésorerie disponibles aux actionnaires ou de les conserver dans la firme.

Une des questions les plus débattues à propos de la politique de dividende est son impact sur la valeur du titre et donc sur la valeur de la firme.

A. La neutralité de la politique de dividendes dans le cadre de marchés parfait

Se fondant sur leur thèse de la neutralité de la structure financière, Modigliani et Miller (1961) considèrent que la valeur d'une firme (et donc de ses actions) ne peut provenir que de ses décisions d'investissement.

Les bénéfices peuvent être distribués ou mis en réserves pour autofinancer des projets de la firme. Selon leurs souhaits, les actionnaires peuvent percevoir des dividendes ou réaliser des plus-values (en cédant leurs titres), sans être pénalisés par des coûts de transaction. Ainsi, la distribution de dividendes (ou non) n'est qu'un détail et, de ce fait, n'affecte en aucun cas la richesse des actionnaires.

B. La prise en compte de la fiscalité

En raison de l'existence de différences d'imposition entre dividendes et plus-values, les investisseurs peuvent préférer une politique de distribution plus ou moins forte.

Outre les taux particuliers, les sociétés, fonds de pension et autres investisseurs institutionnels sont également imposés différemment. Ne pouvant satisfaire toutes les catégories hétérogènes des actionnaires, les firmes peuvent adopter une politique de dividendes qui privilégiera fiscalement une catégorie d'actionnaires : c'est l'« effet clientèle ».

C. La prise en compte de l'aversion des investisseurs pour le risque

Lintner (1962) et M. Gordon (1963) ont montré qu'un dollar de dividende versé aujourd'hui a plus de valeur qu'un dollar de bénéfice mis en réserve car les investisseurs perçoivent les flux futurs de dividendes provenant des nouveaux projets comme plus risqués (*bird-in-the-hand fallacy*).

C'est la « préférence pour une levée rapide de l'incertitude » (*preference for an early resolution of uncertainty*).

D. La prise en compte de l'asymétrie de l'information (théorie des signaux)

Les changements de la politique de dividendes constituent des signaux directs émis par les dirigeants sur les perspectives de résultat de la firme. L'impact sur la variation des cours ne résulte pas directement du montant des dividendes mais plutôt de l'information reliée aux perspectives de croissance des résultats de la société.

E. La prise en compte des coûts d'agence (théorie de l'agence)

Définition

Les **coûts d'agence** sont les coûts que les actionnaires doivent engager pour s'assurer que les dirigeants agissent bien dans leur intérêt en accomplissant la mission qui leur a été confiée.

Si les dirigeants sont contraints de distribuer un niveau élevé de dividendes les privant ainsi de liquidités, ils devront alors financer les projets de développement intéressants en ayant recours aux financements externes, notamment la dette. Ce qui se traduit par :

- une réduction de la marge de manœuvre laissée aux dirigeants,
- une incitation à ne chercher que des projets à rentabilité élevée.

La distribution des liquidités excédentaires aux actionnaires d'une firme endettée peut être analysée comme un moyen d'éviter le transfert de ces liquidités vers les créanciers.

2 Les déterminants de la politique de dividende

A. Les caractéristiques du dividende

Définitions

- Le **dividende** est la part des sommes distribuables de l'exercice que l'assemblée générale des actionnaires décide de répartir entre eux conformément aux dispositions statutaires.
- Le **dividende exceptionnel** est un dividende non récurrent, de montant élevé qui peut s'ajouter au dividende habituellement versé ou bien le remplacer.

L'AG ne peut décider la distribution d'un dividende qu'après avoir approuvé les comptes de l'exercice et constaté l'existence de sommes distribuables.

Le dividende nécessite la détermination préalable d'un bénéfice distribuable.

Le paiement d'acomptes sur dividendes sont des sommes versées avant l'approbation des comptes et la fixation par l'assemblée du dividende, qui sera versé au titre d'un exercice.

Le dividende peut être majoré.

B. Le calendrier de distribution du dividende

Date de déclaration	Date de détachement (ex-*dividend date*)	Date d'arrêté des positions d'enregistrement (*dividend record date*)	Date de mise en paiement (détachement du coupon)
Décision de l'AG de verser un dividende	À partir de cette date, les négociations sont exécutées coupon détaché (les porteurs des actions ne bénéficient pas des dividendes)	Établissement de la liste des actionnaires éligibles par Euroclear	Perception effective du dividende

C. La mesure de la distribution des dividendes

Taux de croissance des dividendes	Formules
Taux de distribution (*Payout Ratio*)	$d = \frac{\text{Dividendes}}{\text{Résultat (Part du groupe)}}$
Rendement des actions (*Dividend Yield*)	$r = \frac{\text{Dividendes}}{\text{Cours de l'action}}$

▶ Exemple

Pour une société cotée, on indique les informations suivantes :

	N	N–1	N–2
Dividende par action	2,2	2,07	1,75
Cours de l'action et date de paiement du dividende	21 mai	7 juin	7 juin
	47,3	67,63	72,4
Résultat net (en millions d'euros)	7 068	7 110	7 040
Nombre moyen d'actions en circulation (en millions)	1 309,30	1 346,90	1 346,80

On peut calculer les indicateurs suivants :

	N	N–1	N–2
Taux de croissance annuel	6,28 %	18,29 %	
Taux de distribution	40,75 %	39,21 %	33,48 %
BNPA (en euros)	5,40	5,28	5,23
Rendement de l'action	4,65 %	3,06 %	2,41 %

3 Les impacts fiscaux de la politique de dividende

A. Pour les actionnaires personnes physiques

Les dividendes sont des revenus mobiliers qui entrent dans le champ d'application du prélèvement forfaitaire unique (PFU) de 30 %.

B. Pour les actionnaires personnes morales

Deux modes d'imposition peuvent s'appliquer aux dividendes des personnes morales.

Régime mère-fille et intégration fiscale

Régime mère-fille	Les sociétés françaises soumises à l'impôt sur les sociétés au taux normal qui détiennent des participations représentant au moins 5 % du capital de la société émettrice peuvent déduire de leur bénéfice les produits nets de ces participations sous réserve de l'imposition d'une quote-part de frais et charges fixée à 5 % du montant des dividendes reçus.
Intégration fiscale	Le résultat d'ensemble d'un groupe fiscal intégré est égal à la somme algébrique des résultats, bénéficiaires ou déficitaires, des sociétés membres.

LE + DE L'EXPERT

La politique de dividende est étroitement liée aux politiques d'investissement et de financement.

33 La politique de rachat d'actions

Mots-clés

Conflit d'agence • Rachat d'actions

1 Les modalités juridiques des opérations de rachat d'actions

A. Les procédures de rachat d'actions

Il existe trois principales manières de procéder à un rachat d'actions.

Opérations de rachat d'actions

Actions proposées à tous les actionnaires	• Si la société est cotée, on parle d'offre publique de rachat par la société de ses propres actions (OPRA). • L'AGE autorise le CA à proposer le rachat de tout ou partie des actions à un certain prix, pendant une certaine période.
Rachats effectués « au fil de l'eau »	Il s'agit d'un ramassage en Bourse régulier afin de stabiliser le cours des titres.
Rachats négociés avec un actionnaire principal	Il s'agit, par exemple, de contrecarrer une OPA hostile en rachetant les actions acquises (*greenmail*).

B. Les finalités et effets de la politique de rachat d'actions

La législation détermine cinq finalités aux programmes de rachat d'actions :

- la régulation du cours boursier,
- l'attribution d'actions aux salariés,
- la remise d'actions dans le cadre d'opérations financières,
- l'annulation des actions,
- leur conservation.

Effets des rachats d'actions

Création de valeur pour les actionnaires	• Restitution de liquidités : c'est une alternative ponctuelle au versement de dividendes. • En rachetant ses propres actions et en les annulant, la firme augmente de la valeur de l'action (effet relutif sur le BNPA). • Sous forme d'une OPRA, un rachat d'actions peut créer une plus-value de cession potentielle au profit des actionnaires vendeurs
Gestion du cours des actions	Elle résulte notamment de l'application du contrat de liquidité
Développement de certains instruments financiers	Couverture les titres convertibles, des titres de créance échangeables en action, de plans d'actionnariat salarié et d'autres titres plus spécifiques (OCEANE et stock-options).

Financement des opérations de croissance externe et de restructuration	Rachat de ses propres actions, non pas pour les annuler, mais conserver ces titres en vue de les remettre en paiement ou en échange dans le cadre d'une fusion, scission ou apport
Ajustement de la structure de financement	Le rachat d'actions peut permettre d'accroître le ratio d'endettement (Dettes / Capitaux propres)
Dissuasion d'offre inamicale de rachat	• En renchérissant le prix des titres à court terme (OPRA). • En diminuant le nombre d'actions en circulation.

2 La politique de rachat d'actions dans la théorie financière

A. L'analyse du rachat d'actions au regard de la théorie de l'agence

La politique de rachat d'actions permet de réduire les conflits d'agence (↪fiche 11) entre les dirigeants et les actionnaires en abaissant le montant de la trésorerie disponible pour les dirigeants (*cf.* : distribution des dividendes).

B. L'analyse du rachat d'actions au regard de la théorie des signaux

À l'inverse de l'augmentation de capital, le rachat d'actions peut être lié à la volonté des sociétés de signaler au marché boursier la sous-évaluation des titres.

▶ Exemple

Au 31 décembre N, le bilan consolidé simplifié d'une société est le suivant (en k€) :

Actif		Passif	
Actifs non courants	43 425	Capitaux propres – part du groupe	138 921
		dont résultat net – part du groupe	20 220
Stocks	60 984	Intérêts minoritaires	165
Autres actifs courants	81 220	Total des capitaux propres	139 086
Disponibilités	55 206	Provisions	10 441
		Dettes financières à plus d'un an	2 158
		Dettes financières à moins d'un an	6 205
		Autres passifs courants	82 945
Total	**240 835**	**Total**	**240 835**

Le capital est composé de 3 393 950 actions (nombre moyen pondéré).

On fait l'hypothèse de rachat de 5 % du capital avec un cours de rachat des actions de 110 €.

Le financement des rachats d'actions est réalisé par endettement avec un taux de financement net d'impôt de 3,3 %.

Le disponible financier net (disponibilités – dettes financières à moins d'un an) s'élève à : 55 206 – 6 205 = 49 001 k€.

Le nombre d'actions à racheter est de : 3 393 950 × 5 % = 169 698, ce qui représente un coût de 169 698 × 110, soit 18 667 k€.

Le recours à l'endettement entraîne une charge nette d'IS de : 18 667 × 3,3 % = 616 k€.
Les incidences peuvent donc être résumées de la façon suivante (en k€) :

	Comptes au 31/08/N	Rachat de 5 % du capital	Situation après rachat de 5 %
Capitaux propres part du groupe (k€)	138 921	– 18 667	120 254
Disponible financier net (k€)	49 001	– 18 667	30 334
Résultat net part du groupe (k€)	20 220	– 616	19 604
Nombre moyen pondéré d'actions	3 393 950	– 169 698	3 224 253
Résultat net par action (€[k])	5,96	–	6,08
Rentabilité financière (%)	14,55	–	16,30

LE + DE L'EXPERT

100 milliards de dollars ont été consacrés par les sociétés européennes aux rachats d'actions en 2019, soit 32 % des montants versés aux actionnaires (source : Morgan Stanley).

34 Les opérations de restructuration

Mots-clés

Action-reflet • Apport à l'envers • Apport partiel d'actif • *Equity carve-out* • Scission

1 Les apports partiels d'actifs

Définition

L'**apport partiel d'actif** est l'opération par laquelle une personne morale apporte une partie de ses éléments d'actifs à une autre personne morale et reçoit en échange des titres émis par la société bénéficiaire des apports.

Fonctionnement de l'apport partiel d'actif

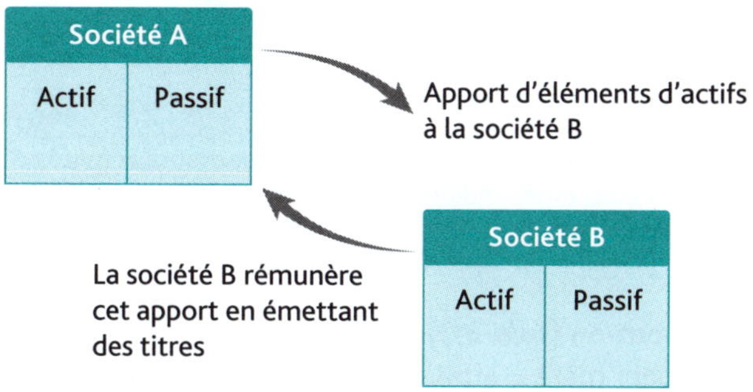

Contrairement aux fusions ou aux scissions, l'apport partiel ne se traduit pas par la disparition de la société apporteuse et ce ne sont pas les actionnaires de A qui reçoivent les titres mais la société.

L'apport peut porter sur :

- un ou plusieurs éléments d'une entreprise (immeuble, valeurs mobilières, etc.) : on parle alors d'« apports d'actifs isolés » ;
- un ensemble de biens (l'actif et le passif) qui forme ce que l'on nomme une « branche complète d'activité ». Il s'agit alors d'une opération classique de « filialisation » : une ou plusieurs branches d'une entreprise, ne correspondant plus à ses objectifs, sont exploitées dans des structures autonomes.

Définition

L'**apport** est dit **à l'envers** s'il reste sous le contrôle de l'apporteur.

▸ Exemple

La société F apporte une branche complète et autonome d'activité à la société A composé de 6 502 871 actions de nominal égal à 1 €).
Un expert indépendant évalue la valeur de ses fonds propres de la société A à 12 fois celle de l'apport.
L'actif apporté est évalué à 5 567 971 € et la dette prise en charge à 4 061 213 €.
En rémunération de l'apport, il sera attribué à la société F des actions nouvelles de la société A entièrement assimilées aux actions anciennes composant son capital social.
Puisque l'actif apporté est de 5 567 971 € et les dettes 4 061 213 €, le montant de l'actif net (ou des fonds propres) apporté s'élève donc à 1 506 758 €.
Le nombre de titres à créer dépend du rapport d'échange des titres qui est de 12.
La société A possède 6 502 871 actions : elle doit créer 6 502 871 / 12 actions soient 541 905 actions nouvelles de 1 € de nominal à émettre.
Cela se fera par une augmentation du capital social d'une somme de 541 905 € le portant ainsi à 7 044 776 €.
On aura donc une prime d'émission égale à la différence entre la valeur de l'apport et le montant du nominal : 1 506 758 – 541 905 = 964 853 €.

2 Les opérations de scission

Définition

La **scission** consiste à partager juridiquement une ou plusieurs activités d'une société en créant des entités distinctes, indépendantes. Les actions créées sont distribuées aux actionnaires de la société mère.

A. La scission-distribution (*spin-off*)

Dans ce cas, une société mère « affranchit » une filiale en distribuant les actions de cette dernière à ses propres actionnaires. Si tous les actionnaires de la société mère participent à l'opération, les deux entités seront ensuite détenues par ces mêmes actionnaires et dans les mêmes proportions.

Remarque : cette distribution peut prendre la forme d'un versement de dividendes de la société mère en actions de la filiale.

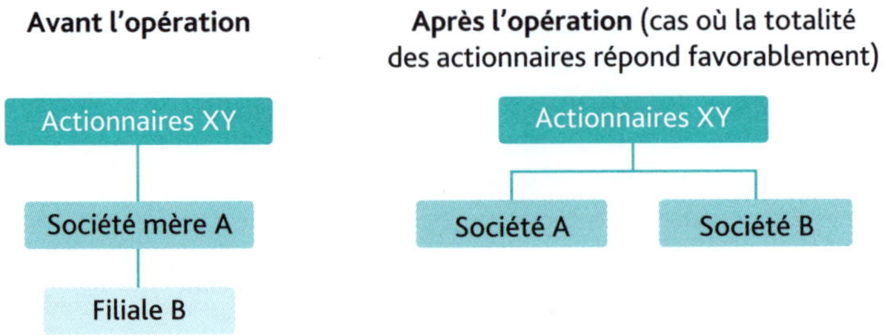

B. La scission-échange (*split-off*)

La société mère offre la possibilité à ses actionnaires d'échanger tout ou partie de leurs actions contre celles de la filiale. C'est pourquoi cette opération est perçue par certains comme une offre publique de rachat d'actions (OPRA ↪ fiche 33) payée par des actions de la filiale.

À la différence du Spin-off, le partage du patrimoine s'accompagne également d'une division du groupe d'actionnaires :

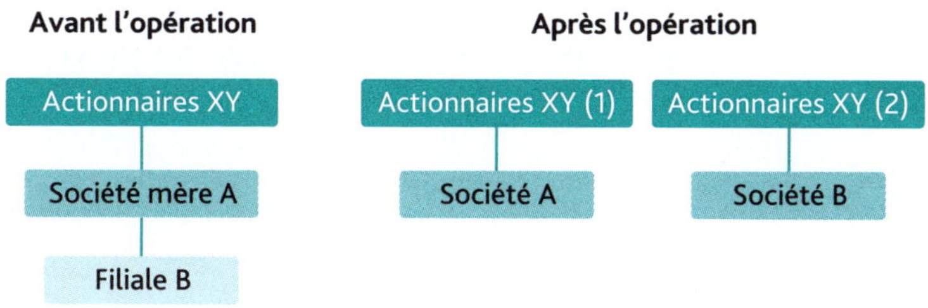

C. La scission-dissolution ou éclatement (*split-up*)

C'est la scission au terme de laquelle une société existante disparaît en se divisant en deux entités ou plus. Elle distribue des actions de ces divisions aux actionnaires originels en proportion de leur participation, et cesse ensuite d'exister.

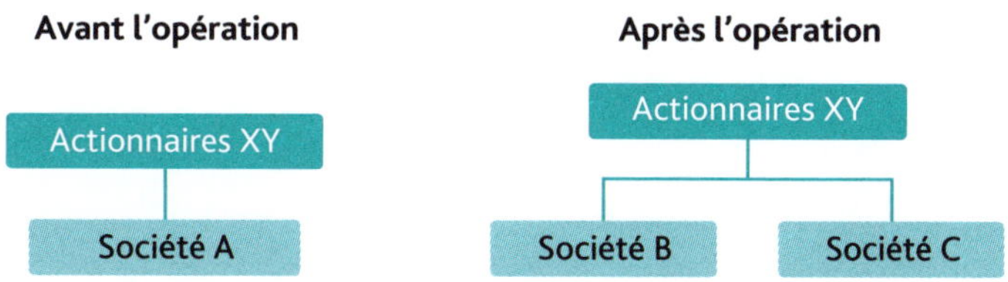

D. Les cas particuliers

Les Equity Carve-Out *(ECO)*

La firme se sépare de certains de ses actifs (ou d'une de ses divisions), crée de nouvelles actions avec de nouveaux droits sur ces actifs et les vend au public. Par opposition à un spin-off, l'opération génère des liquidités pour la société mère. Celle-ci conserve généralement le contrôle de l'unité issue de l'opération.

L'*Equity Carve-Out* est assimilable à une introduction en Bourse de la division ou filiale.

Les actions traçantes ou actions-reflets (tracking-stock)

Définition

Les **actions-reflets** sont des titres créés et portant sur des divisions ou filiales, et qui reflètent la performance de ces seules unités.

Les actions-reflets présentent les caractéristiques suivantes :

- possibilité d'émettre des actions sur le marché (pour obtenir des liquidités) ou gratuites ;
- la société mère conserve généralement le contrôle total sur ces unités : c'est ce qui différencie l'émission d'actions traçantes des ECO.

LE + DE L'EXPERT

Sur les apports à l'envers et à l'endroit, référez-vous au programme de l'UE4 du DSCG.

35 Les introductions en Bourse (*Initial Public Offering* – IPO)

Mots-clés

Banque d'investissement • Évaluation du prix • Introduction en Bourse • Placement global • Syndicat bancaire

1 Les caractéristiques de l'opération

Définition

L'**introduction en Bourse** est la première admission des valeurs mobilières aux négociations sur un marché réglementé réalisée conformément aux règles fixées par Euronext et l'AMF.

A. Les objectifs d'une introduction en Bourse

Désir de notoriété	Une opération d'introduction assure : – une bonne publicité ; – une plus grande visibilité à l'international ; – une plus grande crédibilité ; – plus de facilité à attirer des collaborateurs de haut niveau, ou à entrer dans des relations de long terme avec de grandes entreprises.
Avantages financiers	Elle permet : – un accès facilité à des capitaux externes ; – la réduction du taux d'endettement de la firme ; – l'augmentation de la liquidité pour les actionnaires ; – l'acquisition d'une meilleure position de négociation avec les banques (effet d'introduction en Bourse) ; – l'extériorisation de la valeur de la société au travers de son cours boursier.
Amélioration des principes de bonne gouvernance	L'introduction implique : – un minimum de transparence dans les comptes de l'entreprise ; – un effort de communication financière ; – la mise en place d'un système efficace de contrôle interne ; – une professionnalisation des instances d'administration et de surveillance.

B. Les coûts de l'opération

Les coûts d'introduction en Bourse sont très élevés.

Il convient de distinguer :

- les coûts directs ;
- les coûts indirects.

Grandes catégories de coûts d'introduction en Bourse

Coûts directs	• Marge des banques introductrices assurant le placement des actions parmi les investisseurs (entre 5 et 10 % des capitaux levés). • Commission des intermédiaires ou conseils (juridique, audit externe, communication, etc.).
Coûts indirects	• Mobilisation pendant plusieurs mois de l'attention des dirigeants de l'entreprise (mise en place de systèmes de contrôle plus sophistiqués requérant un effort managérial important). • Perte de confidentialité vis-à-vis des concurrents et des clients et fournisseurs en contrepartie d'une plus grande transparence.

2 La mise en œuvre d'une procédure d'introduction en Bourse

A. Les contraintes réglementaires d'accès au marché

	Euronext	Euronext Growth	Euronext Access
Minimum de diffusion	25 % du capital ou 5 % représentant au moins 5 M€	2,5 M€	Pas de minimum
Document à établir / Visa	Prospectus / Visa obligatoire	Prospectus / Visa obligatoire (sauf placement privé)	Prospectus / Visa obligatoire (sauf placement privé)
Historique des comptes	3 ans de comptes certifiés	2 ans de comptes certifiés	2 ans de comptes certifiés (si ancienneté suffisante)
Normes comptables	IFRS	IFRS ou PCG	IFRS ou PCG
Informations financières	• Rapports financiers annuels et semestriels assortis des comptes audités • Information trimestrielle sur le site de la société	Comptes annuels audités et comptes semestriels non audités sur le site de la société	• Comptes annuels • Rapport de gestion

B. Le recours à un intermédiaire financier

Une introduction en Bourse nécessite la mobilisation de plusieurs banques d'investissement constituant ainsi un syndicat bancaire.

La préparation et la coordination du placement des titres sont assurées par un (ou deux) chef de file que l'on appelle *lead underwriter*. Si besoin, il enregistre les ordres des investisseurs institutionnels lors d'une procédure de placement ; il est alors teneur de compte (*book runner*).

Les autres établissements financiers, choisis par le chef de file et la firme, sont impliqués à des degrés divers dans le montage de l'opération.

L'**évaluation du prix** d'introduction en Bourse est la tâche fondamentale des banques introductrices. Cela permet ensuite de fixer une fourchette de prix ou une première estimation.

C. Les procédures d'introduction

Auprès des investisseurs institutionnels

L'introduction en Bourse auprès des investisseurs institutionnels relève du **placement global** (ou placement garanti) : l'introducteur (généralement un syndicat bancaire) décide d'allouer, de façon discrétionnaire, les actions aux investisseurs institutionnels. Ce placement est généralement associé à une autre procédure d'introduction (pour une partie des actions).

Auprès des particuliers

Quatre procédures régissent l'introduction en Bourse sur un marché réglementé.

Offre à prix ferme (OPF)	• Euronext précise le nombre de titres offerts au marché et le prix de vente auquel ces derniers sont proposés. • Les ordres d'achats passés sont ensuite centralisés et seront réduits à due concurrence s'ils se révélaient supérieurs à l'offre.
Offre à prix ouvert (OPO)	Euronext précise le nombre de titres mis à la disposition du marché par les introducteurs et la fourchette de prix auxquels ces instruments financiers sont proposés.
Offre à prix minimal (OPM)	Euronext précise le nombre de titres mis à la disposition du marché par les introducteurs et le prix minimal auquel ces derniers sont disposés à les céder et en deçà duquel ils renoncent donc à vendre leurs titres.
Cotation directe	• En pratique, elle est utilisée par les sociétés qui satisfont déjà à la condition de diffusion minimale de leurs titres dans le public. • Peu usuelle, elle est généralement le fait de sociétés qui passent d'un marché à un autre (technique assez semblable à l'OPM).

▶ Exemple

Le 21 février 2019, Arcure, spécialiste de l'intelligence artificielle appliquée au traitement d'images pour l'industrie, a annoncé le succès de son introduction en Bourse et l'inscription aux négociations de ses actions (*voir page suivante*) :

Codes d'identification des titres

- Libellé : ARCURE
- Marché : Euronext Growth®Paris
- Code ISIN : FR0013398997

Prix de l'offre

Le prix de l'offre à prix ouvert du placement global est fixé à 7,00 € par action.

Ampleur de l'opération

Au total, l'émission représente une augmentation de capital d'un montant de 7,9 M€.
Ce montant vient compléter les 3 M€ d'obligations convertibles souscrites par Odysée Venture en janvier 2019 et converties automatiquement dans le cadre de l'introduction en Bourse.
1 125 000 actions nouvelles ont été émises dans le cadre de l'offre.

Répartition de l'opération

933 939 actions ont été allouées aux investisseurs institutionnels dans le cadre du placement global (représentant environ 6,5 M€, dont une souscription de la part d'Inocap Gestion de 3,6 M€, supérieure de 1,0 M€ aux engagements de souscription pris et présentés dans le prospectus, et une souscription de la part de Siparex Proximité Innovation de 0,4 M€).
Ces souscription complémentaires de 1,4 M€ ne font pas l'objet d'engagements de conservation.

191 061 actions ont été allouées au public dans le cadre de l'offre à prix ouvert (représentant environ 1,3 M€). Dans le cadre de l'offre à prix ouvert, les fractions d'ordres A1 et A2 seront servies à 100 %.

Calendrier indicatif

25 février 2019	Règlement-livraison des actions dans le cadre de l'OPO et du placement global
26 février 2019	Début des négociations des actions de la société sur Euronext Growth®Paris

Intermédiaires financiers et conseils

Coordinateurs globaux et chefs de file associés	Listing sponsor	Communication finacière	Conseil juridique de la société	Conseil juridique des coordonateurs globaux et chefs de file associés
ODDO BHF NATIXIS	ALLEGRA Finance	ACTUS finance & communication	FTPA AVOCATS	fieldfisher

LE + DE L'EXPERT

Avec plus de 500 000 investisseurs particuliers, prioritaires pour les fonds institutionnels, l'introduction en Bourse de la Française des Jeux (FDJ) a été la plus grosse opération du genre en France depuis 2006.

36 Les opérations de fusion-acquisition

Mots-clés

Acquisition • Croissance externe • Fusion • OPA • OPE • Synergie

1 Les motivations des fusions-acquisitions

A. La recherche de synergie de coûts et de complémentarités

Les synergies résultent des économies :

- d'échelle : réduction des coûts unitaires de production ;
- de gamme : diminution des coûts en regroupant et rationalisant les unités de production.

Types de synergies liées aux fusacs

Synergies liées aux effets de volume	• Diminution du coût unitaire moyen de production (répartition des frais fixes sur de gros volumes en particulier par regroupement d'entités proches). • Obtention d'une masse critique essentielle au développement (industries à forte intensité concurrentielle où la recherche-développement et la publicité jouent un rôle déterminant).
Synergies liées au partage de ressources	• Regroupement des réseaux de distribution, forces de vente, etc. • Rationalisation de services et fonctions. • Optimisation de la production (suppression des sites les moins rentables, etc.). • Centralisation des directions. • Répartition des effectifs, suppression de postes, etc.
Synergies de croissance	Ressources spécifiques disponibles chez l'une des sociétés et pouvant être utilisées par l'autre firme (utilisations croisées de moyens matériels et immatériels évitant la création ou le développement).

B. Les motivations stratégiques des fusions-acquisitions

Les motifs stratégiques offensifs peuvent viser :

- une croissance du pouvoir de domination et d'influence ;
- la captation de ressources spécifiques ;
- la pénétration d'un nouveau marché ;
- le renouvellement (création de capacités nouvelles).

Les motifs stratégiques défensifs peuvent viser :

- la consolidation des positions sur des secteurs à maturité ;
- l'adaptation aux évolutions technologiques ;
- l'acquisition d'une taille critique ;
- la neutralisation des concurrents ;
- la limitation des entrées sur le secteur.

2 Les différentes opérations de fusion-acquisition

A. Les opérations d'acquisition

Une acquisition s'opère soit par achat d'actions, soit par échange d'actions (↪ fiche 38).

L'acquisition par achat d'actions

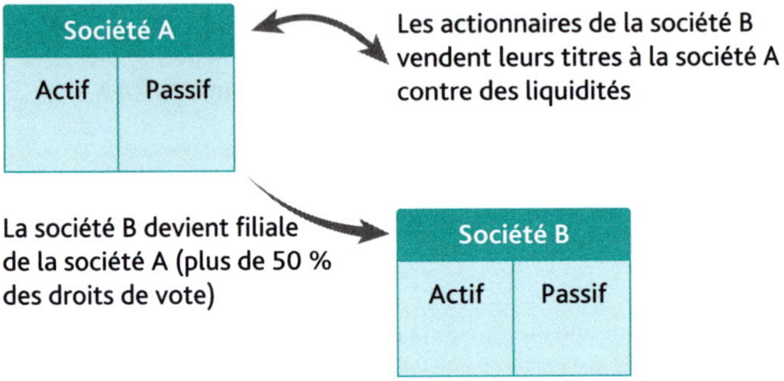

L'acquisition par échange d'actions

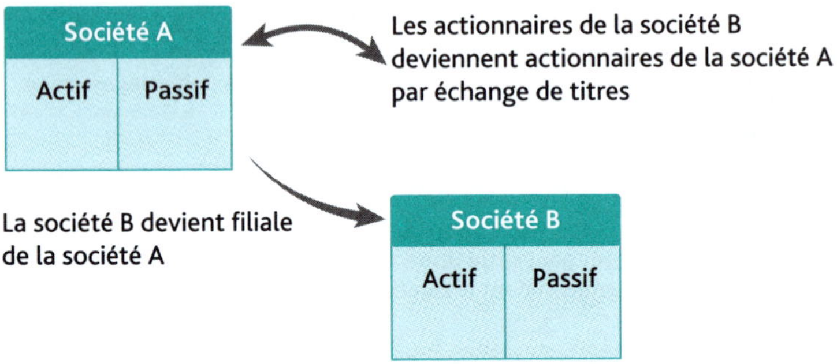

Sur le marché, l'acquisition peut prendre la forme d'un ramassage en Bourse, de l'achat d'un bloc d'actions ou encore d'une offre publique (OPA ou OPE ↪ fiche 38).

B. Les opérations de fusion

Définition

Une **fusion** est une opération par laquelle deux sociétés se réunissent pour n'en former qu'une seule : l'ensemble des éléments d'actif et de passif du patrimoine d'une société sont transmis au profit d'une société qui les recueille. Ainsi, au sens strict, une fusion se traduit *in fine* par une confusion des patrimoines.

La fusion-absorption

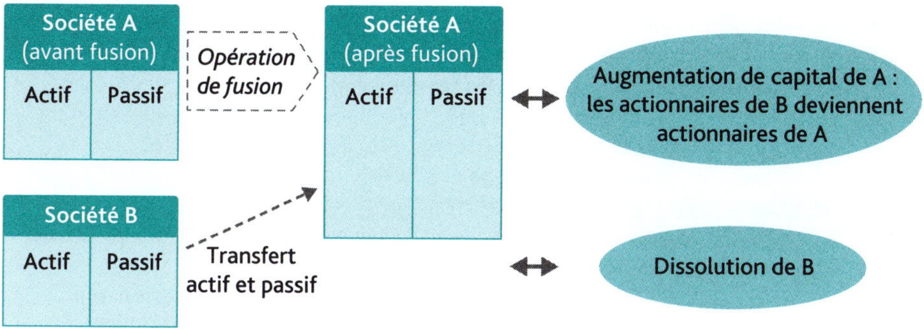

La fusion par apport (ou par création) d'une société nouvelle

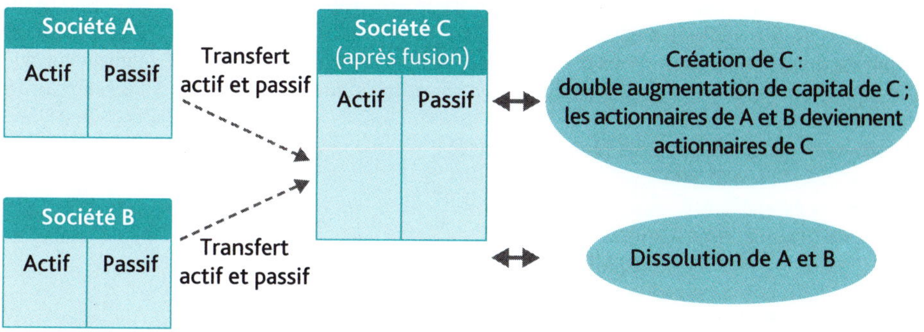

3 L'appréciation financière des opérations de fusion-acquisition

A. L'estimation du gain financier de l'opération

Le gain financier résulte des synergies obtenues.

Si on appelle V_A la valeur indépendante de A, V_B la valeur indépendante de B et V_{AB} la valeur de la nouvelle entité, alors :

$$\text{Gain financier} = V_{AB} - (V_A + V_B)$$

Cette valeur est déterminée en utilisant le modèle classique des flux de liquidités actualisés, soit :

$$\text{Synergies} = V_{AB} - (V_A + V_B) = \sum_{t=1}^{n} \Delta FT_t (1 + i)^{-t}$$

avec :

ΔFTt le flux de liquidités marginal à la date t associé à l'opération de fusion-acquisition

i le taux d'actualisation pertinent (entreprise cible généralement).

Prise en compte du coût (ou de la prime) de prise de contrôle selon la forme de paiement de l'opération

Paiement comptant (*cash*)	Paiement avec des actions de la nouvelle entité
Coût = paiement comptant – V_B	Coût = N × P_{AB} – V_B avec N le nombre d'actions reçues par les vendeurs et P_{AB} la valeur (cours après annonce de la fusion) des actions reçues

▸ Exemple

Une société A annonce son souhait de prendre le contrôle de la société B en échange de l'émission de 5,5 millions d'actions. Avant cette annonce, le cours des actions A est de 41 € (capital constitué de 10 millions d'actions) et celui des actions B est de 72 € (capital constitué de 3 millions d'actions). Les analystes estiment les gains de la synergie à 56 M€ pour le nouveau groupe.

Valeur de marché des sociétés (avant annonce) :

→ V_A = 10 × 41 = 410 M€

→ V_B = 3 × 72 = 216 M€

Valeur du groupe après acquisition :

→ V_{AB} = 410 + 216 + 56 = 682 M€

Évaluation du cours du groupe après acquisition :

→ C_{AB} = 682 M€ / (10 M actions + 5,5 M actions) = 44 €

D'où la prime de contrôle :

→ Prime = 44 € × 5,5 M actions - 216 M€ = 26 M€

B. L'intérêt financier de l'opération en termes de création de valeur

Pour une opération de croissance externe, la mesure de la création de valeur adopte la même démarche que celle d'un projet d'investissement :

- Dans le cas d'une opération de fusion-acquisition, la VAN sera donc :

VAN = Valeur brute de l'opération – Investissement initial

- Si l'on appelle V_{cible} la valeur actuelle de la cible, $V_{synergies}$ la valeur des synergies anticipées du nouvel ensemble, $C_{rapprochement}$ le coût du rapprochement et $P_{transaction}$ le prix de la transaction payé par l'acquéreur, on a alors la relation suivante :

$$VAN = [V_{cible} + (V_{synergies} - C_{rapprochement})] - P_{transaction}$$

Ainsi, la création de valeur de l'opération est liée au prix de la transaction, c'est-à-dire au prix d'achat de la cible : négocier le prix d'acquisition (ou de la parité d'échange) revient principalement à négocier le partage de cette valeur entre l'acquéreur et le cédant.

Partage de la création de valeur

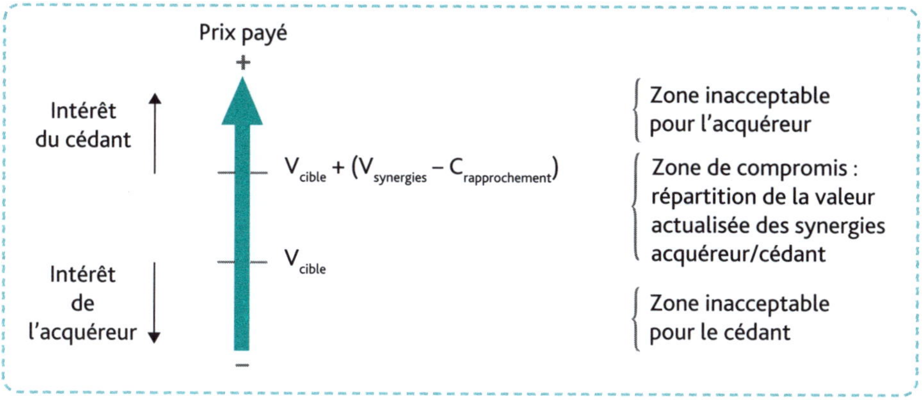

LE + DE L'EXPERT

Le prix d'acquisition de la cible fait l'objet de négociations. Il est compris dans une fourchette objectivable délimitée par l'intérêt économique des actionnaires de la société cible et de l'acquéreur.

37 Le recours aux holdings et aux opérations à effet de levier

Mots-clés

LBO • Levier • Société holding

1 Les sociétés holding

Définition

Une société holding est une société qui détient (*to hold*) directement ou indirectement des participations dans d'autres sociétés. Elle permet notamment de regrouper des actionnaires qui souhaitent exercer une influence notable sur la gestion d'un groupe.

A. Caractéristiques des sociétés holdings

La création des holdings

Création « par le bas »	Transfert à une société, par voie de scission ou d'apports partiels d'actifs, d'une ou plusieurs branches d'activité. Cela revient à créer des filiales auxquelles sont apportées des branches entières d'activités en échange de titres attribués à la société apporteuse qui devient alors une société holding. La situation initiale des actionnaires n'est pas modifiée.
Création « par le haut »	Regroupement au sein d'une seule et même société des participations détenues par divers actionnaires dans une ou plusieurs autres sociétés. Les titres peuvent être apportés à une société existante ou bien, c'est le cas le plus fréquent, à une société créée à cet effet qui devient alors une société holding. En contrepartie de leurs apports de titres, les actionnaires reçoivent les titres émis par la société holding.

L'intérêt des holdings

Les holdings permettent d'actionner différents leviers.

Du levier juridique au levier fiscal

Levier juridique	Le recours à la holding donne la possibilité de contrôler les sociétés du périmètre avec une mise de fonds réduite grâce à la démultiplication possible des droits de propriété.
Levier financier	Ce mécanisme vise à augmenter la rentabilité des capitaux propres grâce au recours à l'endettement. C'est le cas lorsque la rentabilité de la firme cible est supérieure au coût de l'endettement souscrit par la société holding pour financer l'acquisition.

Levier fiscal	• En deçà d'une participation de la société holding dans sa filiale de 95 %, elle relève du régime mère-fille : les dividendes perçus ne sont pas imposables (sauf quote-part de gestion). • Si elle détient au moins 95 % du capital de sa filiale, elle peut opter pour le régime de l'intégration fiscale. Dans ce cas, le résultat de la cible vient s'ajouter au déficit de la holding (dette d'acquisition) pour le calcul de la base imposable, ce qui permet effectivement de payer moins d'impôt.

2 Les rachats d'entreprise avec effet de levier

A. Caractéristiques d'un *Leverage Buy-Out* (LBO)

Les caractéristiques de l'opération de LBO sont les suivantes :

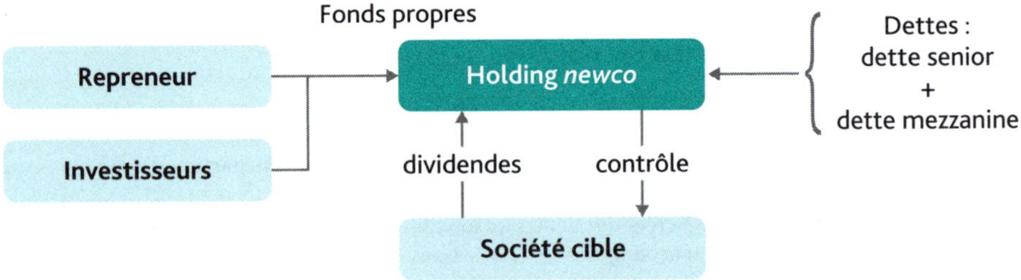

- Le ou les repreneurs créent une société holding (souvent appelée *new company* ou *newco*) servant de véhicule d'acquisition de la société en vente et dont le capital est ouvert à des investisseurs (fonds de capital-investissement) qui, selon les cas, peuvent être minoritaires ou majoritaires.
- Le prix d'acquisition payé par la société holding est financé :
  - en partie grâce aux apports en fonds propres réalisés par les investisseurs en capital ;
  - pour le solde, par recours à l'endettement bancaire prioritaire en termes de remboursement (dette dite *senior*), complété, dans certains cas, par un endettement secondaire (dette mezzanine ↪ fiche 26).
- La dette contractée par la société holding est ensuite remboursée grâce aux remontées de dividendes provenant des bénéfices générés par l'activité de la société acquise.

Un montage LBO n'est viable que si la cible est rentable et que son activité dégage suffisamment de liquidités pour verser des dividendes à la holding.

▶ **Exemple**

Des repreneurs constituent une société holding avec des partenaires financiers afin d'acquérir 51 % du capital d'une société cible dont la valeur est 100 M€. Comme ils souhaitent en détenir le contrôle, ils portent leur participation à 51 % du capital de la holding. La société holding finance 50 % de son acquisition par des dettes.

Les fonds propres nécessaires au holding seront de (100 × 51 %)/2 = 25,5.

Le capital de 25,5 de la holding est financé par les repreneurs à hauteur de 25,5 × 51 % ≈ 13 ; les partenaires financiers à hauteur de 25,5 × 49 % ≈ 12,5.

D	Bilan de la holding		C
Titres de la cible	51	Capital Emprunt	25,5 25,5

L'effet de levier juridico-financier sera de 1 à 7 (c'est-à-dire 100 / 13) pour les repreneurs.

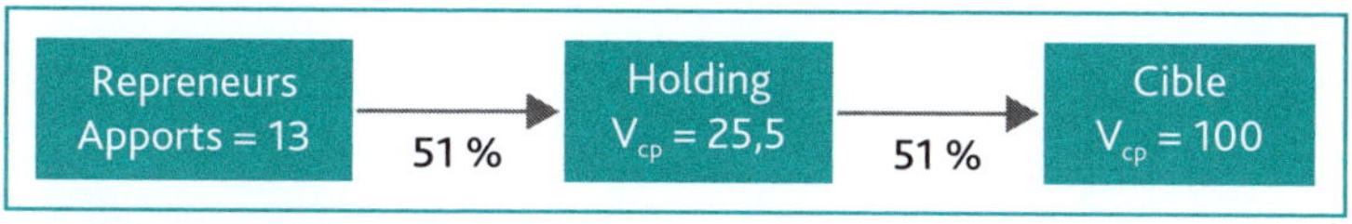

B. Les principales formes de LBO

LBO *(Leverage Buy Out)*	Les investisseurs viennent de l'extérieur.
LBI *(Leverage Buy In)*	Le repreneur est issu du capital de la société.
LMBO *(Leverage Management Buy Out)*	Rachat d'une entreprise impliquant financièrement (participation au capital) l'équipe de management en place (on parle de RES lorsque le rachat est effectué par les salariés).
LMBI *(Leverage Management Buy In)*	Rachat d'une entreprise impliquant financièrement une nouvelle équipe de management, extérieure à l'entreprise rachetée.
OBO *(Owner Buy Out)*	Rachat d'une entreprise par une société holding détenue conjointement par le dirigeant propriétaire actuel de la société cible et des investisseurs financiers.
LBU *(Leverage Build-Up)*	Opération de LBO, suivie d'une ou plusieurs opérations de croissance externe (sur le même secteur) financées avec endettement *via* la *newco*.

C. La sortie d'un montage de LBO

Cession industrielle de la cible	Elle se fait au profit d'un acteur économique qui maîtrise le métier de l'entreprise et qui sait valoriser le travail effectué lors du LBO.
Introduction de la cible en Bourse	Elle ne porte généralement que sur une part minoritaire du capital de la société cible.
LBO secondaire	Le capital de la société cible est cédé à une nouvelle holding créée pour l'occasion dans le cadre d'un nouveau LBO.

LE + DE L'EXPERT

Les investisseurs en capitaux propres participent aux fonds propres de la *newco*. Ces fonds de LBO sont spécialisés dans de tels montages et relèvent du capital-investissement (↪ fiche 25).

38 Les opérations publiques

Mots-clés

OPA • OPE • OPR • OPRO

1 Les offres publiques d'achat (OPA) et d'échange (OPE)

Définition

Les OPA et OPE font partie des instruments de prise de contrôle de firmes dites cibles. Plus précisément, il s'agit de procédures boursières encadrant l'engagement d'un initiateur à acquérir les titres cotés d'une entité (la société cible) sous contrôle de l'AMF.

A. Éléments généraux des OPA et OPE

Une offre publique est lancée sur la totalité des titres donnant accès au capital (actions, obligations convertibles, bons de souscription, etc.).

Chaque actionnaire de la société cible peut librement :

- accepter les conditions de l'offre et apporter ses titres à l'acheteur ;
- ne pas accepter les conditions de l'offre et conserver ses titres.

Types d'offres

Formes d'OPA et OPE	Le paiement peut se faire : – en numéraire (OPA) ; – contre remise d'autres titres cotés (OPE) ; – en partie en titres, en partie en espèces (offre mixte) ; – en espèces, en titres ou les deux, au choix de l'actionnaire de la cible (offre alternative)
Offre volontaire / offre obligatoire	• Une OPA/OPE est généralement volontaire. • L'offre devient obligatoire et doit être déposée sur le marché réglementé (Euronext) par toute personne qui : – franchit le seuil de détention de 30 % du capital ou des droits de vote ; – détient déjà entre 30 % et 50 % du capital, et augmente sa participation de plus de 1 % en moins d'un an. • L'objectif est de lutter contre les « prises de contrôles rampantes ».
Types de procédures	Il en existe deux selon la situation de l'initiateur : – normale : lorsqu'il détient moins de 50 % du capital ou des droits de vote de la société visée ; – simplifiée : lorsqu'il en détient plus de 50 %.

B. Le déroulement de la procédure d'offre

Dépôt du projet d'offre	• L'initiateur dépose un projet de note d'information auprès de l'AMF. • Parallèlement, l'initiateur publie un communiqué qui présente les éléments essentiels du projet. • La cible peut alors publier à son tour un communiqué afin de faire connaître l'avis de son CA. • La cible dépose auprès de l'AMF son propre projet de note d'information en réponse à l'offre.
Examen de la conformité de l'offre par l'AMF	Elle s'assure du respect des principes (libre jeu des offres et des surenchères, égalité de traitement et d'information, transparence, intégrité du marché, loyauté dans les transactions et la compétition) et des règles applicables aux offres, notamment s'agissant du prix.
Publication du calendrier par l'AMF	• Procédure normale : l'offre est ouverte pendant 25 jours de Bourse. Elle peut faire l'objet d'une réouverture, d'une surenchère, ou d'une contre-offre déposée par un tiers. • Procédure simplifiée : l'offre est ouverte pendant 10 jours de Bourse au minimum (15 jours s'il s'agit d'une offre d'échange). • À la clôture, l'AMF publie le résultat de l'offre sur son site Internet.

2 Les moyens de défense contre les OPA et OPE

A. Les caractéristiques des armes anti-OPA et OPE

Les controffensives et initiatives défensives ne doivent pas mettre en péril le fonctionnement et l'intégrité du marché. Par conséquent :

- tout procédé offrant un avantage déterminant ou n'affectant qu'un intervenant précis est remis en cause par les autorités de marché ;
- les protections absolues empêchant toute prise de contrôle de la cible sont interdites ;
- toute action visant à contrecarrer une offre devra respecter l'intérêt social de la cible ;
- le principe d'égalité des offres publiques s'impose.

B. Les armes anti-OPA et OPE

Stratégie préventive	Stratégie défensive
• Identification des actionnaires : déclarations légales de franchissement de seuils et procédure des « titres au porteur identifiables » • Déclaration d'intentions : l'initiateur doit dévoiler qu'il prépare une offre • Constitution d'une SCA • Droits de propriétés et de vote • Pactes d'actionnaires, etc.	• Chevalier blanc : offre concurrente à celle de l'initiateur hostile • Pac-man : la cible dépose une contre-offre sur l'initiateur • Augmentation de capital : destinée à diluer l'initiateur de l'offre • Recours judiciaires : permettent à la cible de gagner du temps • Bons de souscriptions d'actions (BSA) : émission de « bons Breton », etc.

3 Les offres publiques de retrait

A. L'offre publique de retrait (OPR)

L'OPR offre le droit aux actionnaires minoritaires de céder leurs titres aux actionnaires majoritaires.

Il s'agit d'une mesure de protection des minoritaires :

- elle est facultative pour les minoritaires et peut être imposée aux majoritaires ;
- elle permet aux minoritaires de pallier des décisions des majoritaires qui entraîneraient un manque de liquidité et une diminution de la rentabilité du titre.

Elle peut être demandée à l'AMF par :

- un ou plusieurs actionnaires majoritaires (détenant de concert au moins 90 % du capital) ;
- un minoritaire lorsqu'un ou plusieurs actionnaires majoritaires détiennent de concert au moins 90 % du capital (en général pour absence de liquidité).

Elle est obligatoirement lancée par les « contrôlaires », et sans condition minimale, lors de modifications statutaires importantes :

- transformation d'une SA en SCA ;
- opération de fusion-absorption.

B. L'offre publique de retrait obligatoire (OPRO)

L'OPR devient obligatoire (OPRO) lorsque les titres non présentés par les minoritaires à la suite d'une OPR ne représentent pas plus de 10 % du capital (ou droits de vote) moyennant une indemnisation. Elle entraîne la radiation du marché réglementé des titres concernés et une sortie de l'appel public à l'épargne.

À l'issue d'une offre publique (OPA ou OPE), si les titres non apportés représentent moins de 10 % du capital et des droits de vote, l'actionnaire majoritaire peut mettre en œuvre une procédure de retrait obligatoire (OPRO) sur ces titres. Les actionnaires minoritaires sont alors indemnisés ; les titres de la société visée, radiés du marché.

▸ Exemple

TF1 a finalisé en avril 2018 l'achat de près de 80 % d'Aufeminin.com auprès du géant allemand Axel Springer. Créé en 1999, le site propose une offre éditoriale sur des thématiques telles que la mode, la beauté, la cuisine et la santé, avec des marques telles que Marmiton ou My Little Paris. TF1 a annoncé à cette occasion son intention d'en acquérir le reste afin de le retirer de la Bourse. En septembre 2018, dans un communiqué, le groupe TF1 annonçait qu'il avait franchi le seuil de 95 % de détention au capital d'Aufeminin.com, et qu'il détenait alors 95,26 % du capital et 95,22 % des droits de vote du site Internet. En conséquence, TF1 a déposé dans les semaines suivantes auprès de l'AMF un projet d'offre publique de retrait suivie d'un retrait obligatoire portant sur le solde des actions Aufeminin.com non encore détenues par elle, au prix unitaire de 39,47 €. Au total, l'opération a représenté quelque 82 millions d'euros venus s'ajouter aux quelque 291 millions de la transaction précédente, soit une valorisation totale d'un peu plus de 370 millions pour le site. ◂

LE + DE L'EXPERT

Certains auteurs ont souligné le rôle disciplinaire des OPA et OPE sur les marchés financiers.

39 Les opérations de titrisation et de défaisance

Mots-clés

Défaisance de dette • Défaisance des éléments de l'actif • Dérivé de crédit • Fintechs • Risque de crédit • Titrisation

1 La titrisation

Définition

La **titrisation** est un montage financier qui consiste à céder des créances (avec les risques de crédit correspondants) qu'elle détient à des investisseurs, *via* une entité spécifiquement créée pour l'occasion, le fonds commun de titrisation (FCT). Cette dernière va financer l'acquisition de ces créances en émettant des titres sur le marché des capitaux.

A. Les acteurs de la titrisation

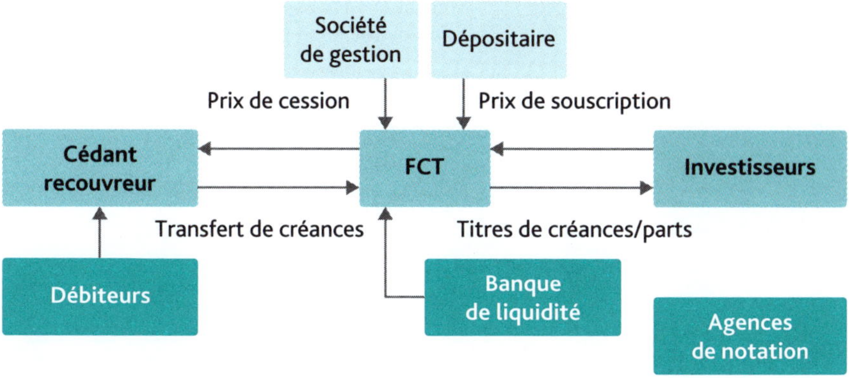

Rôle des sociétés et fonds

Société gestionnaire du FCT	• Son rôle est d'abord celui de mandataire, représentant de la société de gestion. • Son rayon d'action est défini et organisé par le législateur. Elle doit administrer le FCT et suivre l'émission et le placement des parts.
Société dépositaire des fonds	• Établissement de crédit qui est, avec la société de gestion, cofondatrice du FCT. • Elle est dépositaire des créances acquises par le fonds, ainsi que de sa trésorerie. • Elle édite la brochure d'information en partenariat avec la société de gestion du fonds.

Fonds commun de créances (FCT)	• Entité qui a pour objet exclusif d'acquérir des créances et d'émettre des parts représentatives de ces créances. • Il acquiert des créances et, le cas échéant, conclut des contrats constituant des instruments financiers à terme afin de supporter des risques de crédit. • Pour financer ses acquisitions, il émet des parts et, le cas échéant, des titres de créances, et peut recourir à l'emprunt.

B. Les actifs titrisables et les principaux types de titrisation

On distingue deux classifications principales selon la nature des actifs qui sont titrisés par adossement ou collatéralisation.

Principaux titres adossés à des créances hypothécaires

Titres adossés à des créances hypothécaires	*Mortgage Backed Securities*, MBS	• RMBS (*Residential Mortgage Backed Securities*), opérations adossées à des crédits hypothécaires résidentiels. • CMBS (*Commercial Mortgage Backed Securities*), opérations adossées à des crédits hypothécaires commerciaux.
Titrisation de l'exposition des organismes bancaires sur leur clientèle d'entreprises	*Collateralised Debt Obligation*, CDO	Opérations dont le portefeuille sous-jacent est composé de dettes diverses dont les : – CBO (*Collateralised Bond Obligation)* : adossement à des obligations ; – CLO (*Collateralised Loan Obligation*) : adossement à des crédits à des entreprises.

Il existe d'autres titres adossés à des valeurs ou flux.

▶Exemple

Les WBS (*Whole Business Securitisation*) sont des opérations adossées à des flux d'activités commerciales ou industrielles.

C. La structuration financière d'une opération de titrisation

Une structure pay-trough

L'actif du véhicule de titrisation est constitué d'un « panier » de créances.

Les flux versés aux investisseurs ne sont pas un simple transfert des flux issus des créances : ils sont remboursés indépendamment des dates d'échéance des créances collectées.

La titrisation peut offrir plusieurs catégories de titres avec différentes caractéristiques de taux et de maturité.

La subordination (credit tranching)

La structure *pay-through* permet d'établir une hiérarchie au sein des investisseurs en termes de distribution des liquidités et d'assomption du **risque de crédit**.

Il existe trois grands types principaux de classes de titres :

Dette *senior*	• Elle perçoit prioritairement les liquidités et ne subit les pertes du portefeuille d'actifs titrisés qu'en dernier. • Le rendement est faible ainsi que l'exposition au risque de crédit.
Dette *mezzanine*	• Elle perçoit les liquidités après la dette senior et ne subit les pertes qu'après la tranche *equity*. • Rendement et exposition au risque intermédiaires.
Tranche *equity*	Elle absorbe en premier les pertes mais possède une forte rentabilité : elle reçoit toutes les liquidités résiduelles de l'opération.

Hiérarchie des paiements et de l'apurement des pertes sur créances

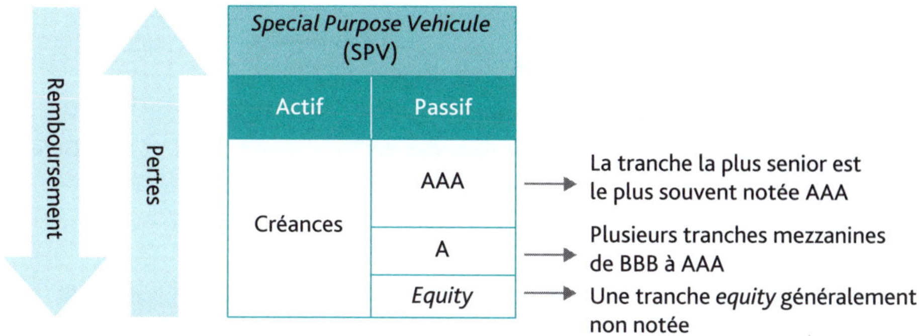

D. L'arrivée des nouvelles technologies dans le domaine de la titrisation

Les nouvelles technologies permettent de fournir des services financiers, généralement de façon plus efficace et moins chère.

Les **fintechs** se sont intéressés au mécanisme de la titrisation en y apportant leur haut degré de maîtrise des nouvelles technologies.

▸ **Exemple**

La plateforme Finexkap permet aux entreprises françaises de diversifier leurs sources de financement et aux investisseurs de financer l'économie réelle à travers un FCT géré par Finexkap AM (société de gestion agréée par l'AMF) et constitué conjointement avec la Société Générale (le dépositaire).

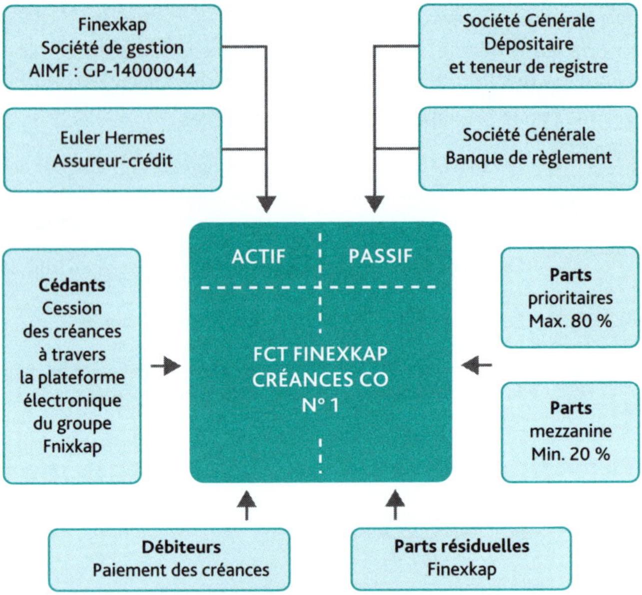

E. Le cas de la titrisation synthétique

L'opération de titrisation synthétique utilise des **dérivés de crédit** (ex. : *Credit Default Swap*, CDS).

Titrisation synthétique

Cédant	SPV	Investisseur
Il achète une assurance (dérivé de crédit) contre la défaillance de l'actif A : – il s'immunise contre le risque ; – il conserve la propriété de l'actif.	Il vend le dérivé de crédit : – il émet des obligations ; – il achète un portefeuille de titres non risqué comme garantie (collatéral).	Il supporte le risque de défaillance. Il souscrit aux obligations émises.

Au lieu de céder les créances au véhicule, la titrisation synthétique permet de transférer le risque vers ces créances :

- Une entité achète une protection de crédit à un véhicule de titrisation créé à cet effet et lui verse des primes.
- Le véhicule de titrisation (SPV) émet des titres sur le marché et achète, avec les fonds obtenus, des actifs non risqués à titre de collatéral.
- Les primes et les intérêts issus du collatéral servent à rémunérer les investisseurs. En cas d'événements de crédit, le véhicule de titrisation dédommage l'entité.

2 La défaisance

A. La défaisance de dette (*in substance defeasance* ou désendettement de fait)

La défaisance de dette permet à une société émettrice d'un emprunt obligataire de l'extraire de son bilan sans le rembourser directement.

Procédure de défaisance de dette

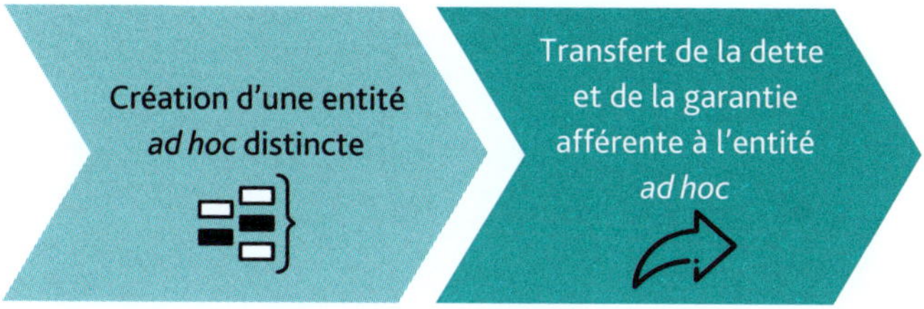

L'entité *ad hoc* procède au paiement de la dette, notamment grâce aux intérêts produits par les titres cédés à titre de sûreté.

B. La défaisance des éléments de l'actif (*defeasance*)

Définition

La défaisance des éléments de l'actif consiste à cantonner les créances en souffrance.

La *defeasance* consiste à « améliorer le bilan d'une entreprise en se défaisant, sur une entité distincte (*structure de défaisance ou de cantonnement*), d'actifs considérés comme compromis en tout ou partie ».

LE + DE L'EXPERT

La crise financière de 2008, dite crise des *subprimes*, résulte de la titrisation de crédits immobiliers qui ont fait défaut.

40 Les innovations financières

Mots-clés

***Blockchain* • *Crowdfunding* • Financement participatif • Fintech**

1 Les nouveaux acteurs de la finance

A. Le *crowdfunding*

Définition

Le *crowdfunding* est destiné à faire financer un projet (*funding*) ou une entreprise risquée par un nombre d'individus ou de souscripteurs (*crowd*) plutôt que par des professionnels. Il s'agit d'un financement participatif.

Il existe quatre types d'activités de *crowdfunding* :
- le don simple ou sans contrepartie (*donation-crowdfunding*) ;
- le don contre récompense (*reward-based crowdfunding*) ;
- le prêt avec ou sans intérêt (*crowdlending*) ;
- l'investissement en titres financiers émis par une entreprise (*crowdinvesting*), notamment en fonds propres (*equity-crowdfunding*).

Le **financement participatif** repose sur un schéma d'économie collaborative. Les investisseurs (notamment les particuliers), qui souhaitent un moyen de flécher leur argent dans des projets concrets tout en gagnant en liberté/autonomie, recherchent des plateformes qui valident trois critères : l'accessibilité, la transparence et la traçabilité de leur placement.

▸ Exemples

Parmi les nombreuses plateformes de *crowdfunding*, citons notamment Happy Capital, KissKissBankBank, Leetchi, Wine Funding, WiSEED, etc. ◂

Le *crowdfunding* est un mode de financement à part entière qui complètent les sources classiques (établissements financiers, marchés financiers, *private equity*, etc.).

Avantages et inconvénients du *crowdfunding*

Avantages	Inconvénients
• Réceptivité forte au projet du contributeur financeur/consommateur	• Concurrence importante – pression sur les plateformes de *crowdfunding*
• Stratégie nouvelle de levée de fonds	• Risque de plagiat ou de vol d'idées avec la communication et la transparence
• Outil marketing à travers Internet	• Gestion de la communauté (foule) lourde
• Moyen d'élargir son réseau – communication à travers les réseaux sociaux	• Mauvais calibrage du projet au départ

Avantages	Inconvénients
• Rapidité d'accès au crédit	• Critiques exacerbées/excessives sur le Web ou attaques personnelles face à une « foule »
• Financement moins contraignant et liberté dans l'organisation du projet	• Vision à court terme de la performance – pression de la « foule »
• Projets soumis aux tests du marché – meilleure évaluation du projet final	• Nouvelle forme d'intermédiation
• Désintermédiation traditionnelle	• Coûts non négligeables

B. Les fintech

Définition

Les fintechs (↪ fiche 39) permettent le déploiement de la technologie sur les activités financières. Le *crowdfunding* en constitue sans aucun doute l'une des applications les plus visibles.

Les entreprises de fintech proposent de contourner les activités financières traditionnelles afin de proposer de nouveaux services. Ces firmes proposent souvent un seul service assis sur une évolution technologique de premier plan. Tous les services liés à la finance sont concernés (sauf les dépôts bancaires qui exigent une licence) : services financiers en ligne, gestion personnelle, paiement mobile, transfert d'argent, gestion financière, crédit, assurance, etc.

L'une des raisons qui expliquent l'émerge des fintech est le poids excessif de la réglementation financière. La France compte un grand nombre d'acteurs, dont :

- October : société de prêts basée à Paris, Milan, Madrid, etc. qui permet aux PME d'emprunter directement auprès de particuliers et d'institutionnels ;
- +Simple.fr : courtier en assurances pour optimiser les contrats d'assurance ;
- Shift Technology : start-up qui a développé une plateforme permettant aux assurances de détecter les déclarations frauduleuses ;
- Finexkap : pour le financement de la trésorerie des entreprises.

2 La place de la technologie et du numérique

A. La *blockchain*

Définition

La *blockchain* (chaîne de blocs) est un registre permanent, infalsifiable, distribué et historicisé qui permet d'établir de la confiance entre des agents, sans intervention d'un tiers. Inventée à la fin du XXe siècle, elle a été popularisée au début du XXIe siècle. L'objectif de cette technologie est la désintermédiation sous toutes ses formes.

Les cryptoactifs (dont les cryptomonnaies) ne sont qu'une application de la technologie *blockchain*. D'autres applications, comme la digitalisation des actifs sous forme de jetons numériques (appelés *tokens*) ou comme les ICO (levées de fonds sur Internet), n'ont été possibles que par cette technologie à base de cryptographie.

La *blockchain* peut faire l'objet d'applications multiples comme : le règlement-livraison de titres sur les marchés financiers, les paiements internationaux et/ou le financement du commerce international.

▶ Exemples

La *blockchain* est un réseau décentralisé basé sur de la cryptographie. Si Alan souhaite envoyer de l'argent à Beata, le schéma de la *blockchain* peut être synthétisé comme ci-dessous.

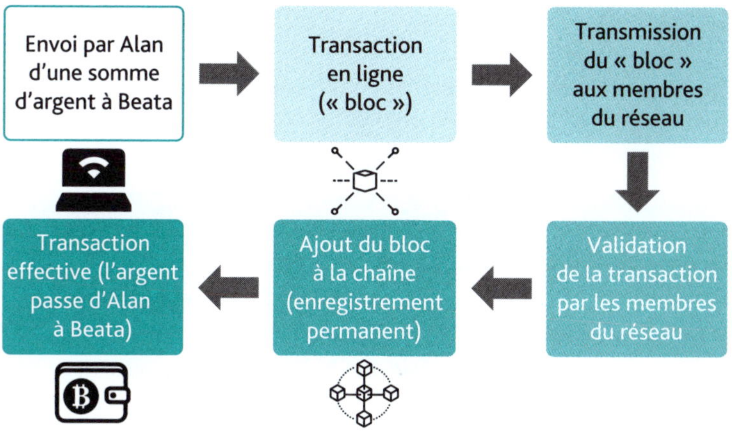

Pour comprendre la technologie *blockchain*, on peut identifier trois phases :

- Les utilisateurs (mineurs) doivent exécuter et résoudre des algorithmes pour valider les transactions électroniques. Ces transactions se rejoignent dans un bloc (regroupement de plusieurs transactions faites par le minage). Il s'agit de la preuve de travail (*Proof of Work*).
- La transaction est validée lorsque la majorité des mineurs approuvent cette transaction. Une empreinte numérique (le *hash* cryptographique SH256) va permettre alors d'identifier rapidement la transaction en transformant une suite binaire très longue en une suite de chiffres et de lettres bien plus courte. Une grande puissance de calcul (dépense en électricité très forte) va être requise car elle fait appel à des informations déjà contenues dans les blocs précédents.
- Un nouveau bloc est alors automatiquement créé, lié aux blocs précédents. La *blockchain* devient publique et les transactions sont consultables par tout le monde (sur la *blockchain* Bitcoin, un nouveau bloc est créé toutes les 10 minutes).

B. Les cryptomonnaies

Les monnaies numériques ont été associées à la *blockchain* (et inversement). Elles n'en sont qu'un terrain d'application. Le terme de cryptomonnaie serait d'ailleurs mal employé. Selon la Banque de France, « le terme de «monnaie» est à éviter dans la mesure où ces instruments ne remplissent que très imparfaitement les fonctions dévolues à la monnaie légale ». La traduction française des dispositions européennes emploie pourtant le terme de « monnaies virtuelles », traduction littérale de *virtual currencies*. Le terme d'actifs est également impropre : ces instruments n'ont pas de valeur d'usage ni de flux anticipé de revenu. La loi Pacte a choisi de retenir le terme générique d'« actifs numériques ».

Définition

Le **bitcoin** est une monnaie électronique cryptographiée. Celui qui possède un bitcoin dans son portefeuille en détient la propriété et le contrôle, de manière analogue à des pièces de monnaie réelles.

Les bitcoins peuvent être perdus ou volés comme des euros ou des dollars. Le bitcoin a été la première cryptomonnaie sur le marché : la transaction initiale date de mai 2010.

Avantages et limites du bitcoin

Avantages/forces/opportunités	Limites/inconvénients/faiblesses
• Traçabilité et historique des échanges	• Absence d'actifs sous-jacents à une monnaie
• Paiement irréversible	• Concentration des *pools* de minage
• Nouvelle technologie pérenne	• Monnaie volatile
• Première cryptomonnaie libre et décentralisée	• Technologie non mature et stade expérimental de la monnaie
• Système duplicable	• Risque de blanchiment et de manipulation des cours
• Monnaie de confiance et insaisissabilité	• Anonymat non respecté
• Sécurité de la transaction	• Non-sécurisation des transactions non confirmées
	• Nombre limité de transactions par seconde
	• Statut juridique encore mal défini à ce jour

Outre le bitcoin, il existe plus de 1 600 cryptomonnaies environ dans le monde comme Ether ETH, Ripple XRP, EOS, Litecoin LTC, etc.

C. Les ICO (*Initial Coin Offerings*)

Définition

Les **ICO** sont des opérations de levées de fonds effectuées à travers une technologie de registre distribué DTL (*Distributed Ledger Technology*) qui donne lieu à une émission de jetons ou *tokens*. Les opérations d'ICO sont réalisées *via* une application de tenue de registre décentralisé, partagée par ses utilisateurs, en principe, sans intermédiaire financier.

Ces jetons numériques (cryptoactifs ou *tokens*) sont échangeables ou vendus contre des cybermonnaies ou des devises bien réelles (USD, EUR, etc.). On peut trouver des ventes de jetons (*token sales*), des ventes aux enchères (*token auctions*) ou encore des ventes participatives de jetons (*token crowdsale*). Les *tokens* sont une représentation digitale de valeur, fongible et divisible, pouvant circuler sur Internet et être échangée de pair à pair, sans révélation d'identité.

▶ Exemple

Application des tokens

« Afin de toucher un public plus large, les autorités publiques pourraient s'engager à digitaliser une partie de la billetterie des Jeux Olympiques organisés par la France en 2024. Les *tokens* donnant accès à cette cérémonie seraient émis sur une *blockchain* au bénéfice des personnes ayant contribué à la préparation et à l'organisation d'événements populaires autour des jeux. Ces *tokens* pourraient être ensuite échangés de manière transparente sur cette même *blockchain*, sécurisant ainsi les transactions et réduisant d'autant les risques liés à la revente au marché noir, à la contrefaçon ainsi qu'à la fraude » (rapport Landau, 2018). ◀

Ces ICO – qui sont des utilisatrices de *tokens* – sont en réalité un mode de financement alternatif basé sur une technologie *blockchain* pour des start-up en phase d'amorçage.

Avantages et inconvénients des ICO

Avantages	Inconvénients
• Faire connaître son projet rapidement	• Risque de fraude et abus de confiance (arnaque)
• Lever rapidement des fonds et accéder à un financement alternatif	• Opacité et information peu claire sur la technologie et le placement
• Toucher de nouveaux investisseurs *via* Internet	• Inconvertibilité des *tokens* même si les jetons sont conçus pour être fongibles et transférables
• S'affranchir de lourdeurs administratives	• Prévente à prix préférentiel
• Offrir une transparence des ventes et préventes	• Absence de réglementation et d'audit préalable
	• Non-réalisation du projet
	• Constitution de *whale clubs* (groupes d'investisseurs cherchant à manipuler les marchés)

Selon l'AMF, l'émission d'un ICO suit trois étapes :

1. Annonce de l'ICO. Présentation de l'objectif du projet sous la forme d'un résumé.
2. Publication de l'ICO. Présentation du *business model* et émission d'un *White Paper*.
3. Vente de jetons. Envoi d'une adresse codée pour obtenir des cryptomonnaies pour l'investisseur contre le virement de la devise demandée.

Plusieurs générations d'ICO se sont succedé. La troisième génération a vu l'apparition de nouvelles plateformes de *blockchains* multifonctions pour ICO : système d'échange décentralisé d'actifs numériques, marché secondaire, système de vote, jeton numérique, etc. De moins en moins de renseignements sont nécessaires.

Le traitement comptable des levées de fonds en ICO :

- Côté émetteur, les jetons sont comptabilisés à leur date d'émission pour leur valeur de souscription et l'analyse du document de présentation (*White Paper*) permettra d'en déduire le traitement adéquat :
– si l'ICO s'analyse comme une dette remboursable, la comptabilisation se fera en « emprunts et dettes assimilées » ;
– si l'ICO implique une obligation de fournir des biens ou des services restant à livrer, la comptabilisation se fera en produits constatés d'avance ;
– à défaut, comptabilisation en produits définitivement acquis.
- Côté détenteur, la comptabilisation des jetons dépend de l'intention d'utilisation. Si les biens ou services attachés aux jetons sont utilisés sur l'exercice en cours, l'enregistrement se fera dans le compte « 5202 – Jetons détenus ». Si le détenteur a l'intention de les utiliser au-delà de l'exercice en cours, la comptabilisation se fera dans un compte d'immobilisation incorporelle.

LE + DE L'EXPERT

Il convient de faire la distinction entre la monnaie bitcoin et le protocole Bitcoin. Souvent associé à la *blockchain*, le protocole Bitcoin (avec un B majuscule) définit les lois et le fonctionnement du bitcoin.

84106- (I) - SOP 90° - PMS3275U -NOC - API

DUPLIPRINT
733, rue Saint-Léonard, 53100 MAYENNE
N° 2975386H
Dépôt légal : août 2022

Imprimé en France